사회적 유럽 선언

사회적 유럽 선언

만국의 시민이여,
연대하라

Social Europe A Manifesto

콜린 크라우치 지음
박상준 옮김

페이퍼로드
paperroad

1 이 책은 *Social Europe: A Manifesto,* 2020, Social Europe Publishing by Colin Crouch를 우리말로 번역했다.

2 원주와 옮긴이 주는 모두 각주로 처리했으며, 원주의 경우에는 번호로, 옮긴이 주의 경우에는 별표(*)로 순서를 매겼다.

차례

한국어판 서문 9

서문 13

1 **사회적 유럽의 쇠퇴와 민주주의의 파편화** 19

"두 개의 유령이 유럽을 배회하고 있다."

★ 민주주의의 파편화 29

★ 사회민주주의의 문제 39

2 유럽연합의 신자유주의적 수용에 대한 투쟁 49

"더 많은 시장을 원한다면,
더 많은 사회정책을 가져야 한다."

3 사회적 유럽의 확대와 표준의 역할 67

"최종 제품의 품질이 아닌
공정 그 자체에 대한 표준이 필요하다."

- ★ 환경 훼손과 기후 변화에 대한 투쟁 71
- ★ 세계화의 개혁 77
- ★ 금융화된 자본주의 규제 85
- ★ 물질적 불평등 감소 89
- ★ 노동자의 안전과 노동의 미래 조화 96
- ★ 사회투자복지국가의 강화 107

4 결론:
유럽사회연합을 향하여 119

옮긴이의 말

혐오와 폭력이 아닌 희망의 세상을 위하여 127

한국어판 서문

세계 경제가 점점 더 세계화됨에 따라, 우리는 점점 더 우려되는 기후 변화와 환경 훼손, 국가 규제를 피할 수 있는 초국적 기업들의 증가하는 힘, 전 세계를 이동할 수 있는 자본으로의 전환과 훨씬 더 고정된 노동에 맞서 사회들 내 불평등 증가를 초래하는 전환, 그리고 지금 새로운 질병의 급격한 확산 등의 문제들에 직면하면서 한마음이 된다.

이러한 도전들에 직면하여, 왜 많은 사람들이 정치 스펙트럼을 넘어 자본, 상품, 서비스 그리고 사람의 이동에 맞서 '탈세계화deglobalization', 즉 강력한 국경을 가진 자급자족적인 경제들과 사회들로의 회귀를 요구하는지를 이해할 수 있다. 하지만 이것은 재앙이 될 것이다.

사회들 간의 강화된 장벽은 적대적 관계의 위험, 심지

어 때로는 전쟁의 위험을 초래한다. 조금 긍정적인 시각에서 보면, 우리가 소유한 모든 것은 서로의 문화, 음식, 과학 그리고 많은 다른 삶의 측면으로부터 배워가면서 얻어진 것이다. 무역은 서로 다른 여러 국가의 기업들이 그들이 가장 잘할 수 있는 것을 특화할 수 있도록 했다. 우수한 제품이나 남다른 제품만이 이득을 가져다주기 때문이다. 세계화가 사회 *내부의* 불평등은 증가시켰지만 사회 *간의* 불평등을 감소시켜 부유한 국가와 가난한 국가 사이의 격차는 줄어들게 했다.

우리는 세계화를 중단하는 것이 아니라 길들여야 한다. 그리고 경제적 권력economic power이 더 광범위한 인간의 행복human good을 위해 사용될 수 있도록 규제와 공공정책을 통해 세계화를 인간의 통제 아래 두기를 요구해야 한다. 재정, 환경, 보건, 교육, 고용 그리고 사회까지 정책을 통해 개별 정부들이 할 수 있는 일들이 여전히 많다. 적게는 지식을 공유하고, 더 나아가 공동 행동을 통해 결정된 구속력 있는 정책을 기꺼이 수용하여 국가들이 함께 행동한다면 그러지 않을 때보다 훨씬 더 많은 것을 성취할 수 있을 것이다.

주로 지식을 공유하는 협정들(예를 들어 세계보건기

구World Health Organization, WHO나 경제협력개발기구Organization for Economic Co-operation and Development, OECD)에서부터 규칙을 부과할 수 있는 능력을 갖춘 기관들(예를 들어 국제통화기금International Monetary Fund, IMF이나 세계무역기구World Trade Organization, WTO), 심지어 이보다 구속력 있는 협력국가들의 집단들(대표적인 예로 유럽연합European Union, EU)에 이르기까지 다양한 형태의 국제 협력이 존재한다. 애석하게도 최근 몇 년 동안 지배적인 경향은 이러한 형태의 조정을 거부하는 것이었다. 도널드 트럼프Donald Trump 집권 시절 미국은 여러 형태의 국제 협력에서 탈퇴했다. 영국은 유럽연합에서 탈퇴했고, 국가 장벽을 앞세워 후퇴를 옹호한 정치인들이 전 세계에서 존재감을 드러냈다. 하지만 이러한 추세는 역전될 수 있다. 조 바이든Joe Biden 대통령 집권 아래 미국은 이미 트럼프의 움직임을 뒤집기 시작했으며, 코로나바이러스Covid-19와의 싸움은 질병 퇴치를 위해 우리가 상호 의존해야 한다는 사실을 보여주고 있다.

사회적 유럽 선언은 미래에 대한 인간의 요구를 충족시키기 위해 우리 모두가 필요로 하는 사회정책과 환경정책에 대한 유럽 내 논쟁을 장려하고, 이러한 정책들을 시행하는 데 있어 협동collaboration이 유럽 국가들에게 주는 이점을 지적하기 위해 작성되었다. 말하자면 국제적인 대응으로 국제적인 도전에 맞서는 것이다. 게다가 협동의 범위는 유럽연합의 경계에서 끝나지 않는다. 우리는 항상 전 세계를 가로질러 서로에게서 배울 수 있으며 강력한 형태의 공동 행동을 발전시킬 수 있다. 그런 정신으로, 나는 더는 유럽연합의 일부가 아닌 국가*에 사는 사람이지만, 해당 기구**에 관한 아이디어들을 논의할 수 있다. 이 논의가 한국과 세계 각지의 사람들에게도 의미가 있기를 바란다.

2021년 5월

콜린 크라우치

---

* 이 책이 쓰여지기 전에 영국은 이미 유럽연합에서 탈퇴했다.

** 유럽연합을 말한다.

서문

코로나바이러스 팬데믹은 사람들의 일상생활과 정책 결정자들이 직면한 딜레마 모두를 근본적으로 변화시켰다. 하지만 이 팬데믹이 극적으로 전대미문의 것이었음에도 불구하고, 그것은 사회정책과 경제정책의 방향을 둘러싼 기존의 대립을 변형시키기는커녕 오히려 강화시킨다. 좀 더 정확히 얘기하자면, 팬데믹이 너무 많은 것을 파괴하는 바람에 기존의 대립들에서 온갖 방향으로 혁신해나갈 공간을 만들어줬다고 할 수 있다. 우리는 향후 수십 년 동안 우리의 삶을 구체화할 선택이 이루어지는 역사적 순간들 중 하나에 서 있다. 누가 그 순간that moment을 통제할 것인가?

상황case을 낙관적으로 보면, 바이러스에 대한 대처는 봉쇄 기간 번성했던 지역 차원의 이웃 후원에서부터 공적으로 제공된 보건 서비스, 그리고 과학 연구를 특징짓는 세계적 협력의 촘촘한 그물망에 이르기까지 우리 모두에게 상호의존과 협력을 위한 인간의 의무need를 인식하게 했다. 우리는—방호장구, 인공호흡기 및 기타 의료기기에 대한 갑작스러운 대량 수요와 같은—크고 중요한 특정 요구가 정부의 조치 없이는 시장에서 충족될 수 없다는 것을 확인했다. 이는 우리가 기후 변화 위기에 맞서 경제 방향을 재조정하기 위한 변화와 혁신의 필요성을 통해 이미 배우고 있었던 교훈을 강화시켰다. 우리는 또한 미숙련·저임금 직업, 즉 간호사와 간병인, 쓰레기 수거인, 보안 요원, 선원, 배달 기사, 슈퍼마켓의 진열대 담당자 그리고 많은 다른 직업에 종사하는 사람들이 맡은 중요한 역할이 경시받고 심지어는 경멸당하는 현실을 알게 되었다. 그러니 마침 이 순간을 활용하여 갖가지 종류의 집단행동에 대한 의존성을 재발견하거나 지역사회들과 국가들nations 간 협력의 필요성을 재확인해야 하지 않을까? 사람의 가치를 오직 시장에서의 성과에 따라서만 평가하는 사회질서의 부도덕성을 새삼 다시 일깨워야 하지 않을까?

만약 이런 것들을 일깨우지 못한다면, '외국인'을 질병 보균자로 보면서 코로나바이러스 때문에 지역사회와 국가를 봉쇄했던 과거로 회귀시켜야 하고, 협력과 공유를 위한 모든 움직임을 포기해야 한다고 주장하는 사람들에게 이 순간을 통제당하는 상황을 맞이하게 되지는 않을까? 코로나바이러스가 우리에게 남긴 경제위기의 심각성depth이 모든 사회정책, 재분배, 노동권과 인권뿐만 아니라 환경재난에 대처하려는 모든 조치를 내던져버리면서 어떤 대가를 치르더라도 수익성 회복에 전념해야 할 이유가 될까?

이것들은 코로나바이러스가 공격하기 전에 이미 견고하게 확립된 익숙한 대립들이다. 전자의 시나리오에는 배후에 사회민주주의자들, 그 외 평등주의자들과 집단적 노력collective endeavours의 신봉자들, 환경주의자들이 있다. 후자의 배후에는 외국인을 혐오하는 민족주의자들과 규제 없는 시장 및 사회정책 최소주의의 신봉자들이 포함되어 있다. 필립 포쳇Philippe Pochet[1]이 증명했듯이, 팬데믹 여파에 대한 대응은 유럽을 위한 하나의 확

---

1 P Pochet, 2020, 'Four scenarios for Europe's future after the crisis', *Social Europe*, 30 April.

실한 방향이 아니라, 어느 정도 뚜렷하게 대조되는 대안적 시나리오들을 보여준다. 팬데믹은 어떤 새로운 것을 제시하기보다는 이러한 대립들이 제시한 선택들을 더욱 심화시키고 뚜렷하게 만들었다.

이 짧은 글은 유럽연합이 전자의 인도주의적이고 낙관적인 시나리오의 도구가 되려면 무엇이 필요한지를 보여준다. 그것은 사회적 유럽의 이념the idea of Social Europe으로의 복귀다. (실리아 호이저만Silja Häusermann과 제인 깅리치Jane Gingrich[2]가 주장했듯이, 사회정책에 대해 코로나바이러스가 주는 교훈은 급진적인 재발명이 아니라 이미 알고 있는 복지국가 전략의 강화와 관련된 것이다.) 이것은 호소와 함께 접근의 전반적인 방향을 보여준다는 점에서 고전적인 의미의 선언 방식이다. 이 선언은 보다 현대적인 의미의 선언처럼 정책들의 요구 사항shopping-list을 제시하지 않는다. 토론에서 구체적인 정책 아이디어들이 나오더라도, 이를 실천할 수 있는 건 오직 정당들political parties뿐이다.

우선 사회적 유럽의 부활을 가로막는 장애물들을 고

---

2 S. Häusermann and J Gingrich, 2020, 'Welfare states need reinforcement, not reinvention', *Social Europe*, 18 June.

려할 필요가 있다. 이 장애물들을 극복하는 것이 다음 장의 주제다.

첫 번째로, 장애물들은 신자유주의와 외국인 혐오 민족주의xenophobic nationalism라는 두 적대적인 정치 세력으로 구성되어 있다. 이 세력들은 위기의 비관적인 메시지인 이기심과 배제의 적대적인 세력들opposed forces을 각자 다른 방식으로 대표한다. 두 번째 장애물은 역사적으로 협력과 포용 및 사회적 유럽 프로젝트의 주요 옹호자였던 정치 세력인 사회민주주의가 선거에서 나약하다는 점이다. 떠받쳐줄 강력한 정치 세력이 없다면, 사회적 유럽의 이념을 성취하기란 사실상 불가능하다.

사회적 유럽을 위한 캠페인은 광범위한 합의를 확립할 필요가 있지만 동시에 현대 자본주의 국가를 너무 호의적으로 보는 사회민주주의의 초기 '제3의 길third way' 모델의 오류를 바로잡아야 한다. 따라서 두 번째 장은 신자유주의적 전환으로부터 유럽연합 정책의 결정권을 되찾기 위해 어떤 조치들이 필요한지를 고찰한다. 여기에는 많은 경제 이론에서 받아들인 시장개입의 근거들을 재검토하는 것이 포함된다. 왜냐하면 이것이 광범위한 반 신자유주의 연합을 추구하기 위한 토대를 제공하기 때문이다.

세 번째이자 가장 긴 장은 지금 부활한 사회적 유럽 전략이 추구해야 할 가장 긴급한 문제들을 다룬다. 여기에는 환경 훼손과 기후 변화에 대한 투쟁, 세계화의 개혁, 금융화된 자본주의 규제, 물질적 불평등 감소 그리고 급변하는 경제에서 노동의 미래를 노동자들의 안전한 삶에 대한 요구needs와 조화시키는 일 등이 포함된다. 세계화의 개혁과 노동자 삶의 안전에 대한 깊은 관심의 필요성은 팬데믹으로 인해 한층 더 두드러지게 되었다. 마지막 장은 사회투자복지국가Social-Investment Welfare State를 기반으로 한 유럽사회연합European social union의 주장을 요약한다.

1

사회적 유럽의 쇠퇴와 민주주의의 파편화

"두 개의 유령이 유럽을 배회하고 있다."

두 개의 유령이 유럽을 배회하고 있다. 신자유주의와 외국인 혐오 민족주의다. 이 둘은 코로나바이러스가 등장하기 훨씬 전부터 유럽을 배회하고 있었으며, 유럽의 사회와 민주주의에 악영향을 끼쳤다. 가능한 한 다른 기관의 개입을 최소화하면서 시장이 인간사human affairs를 지배해야 한다는 교리doctrine인 신자유주의는 사리사욕에 대한 집착을 부추기고 분배에 대한 요구shared needs를 외면하는 방법으로 불평등을 증가시켜왔다. 신자유주의는 우리에게 2008년의 금융위기를 초래했고 인위개변人爲改變적인 기후 변화anthropogenic climate change에 맞서기 위한 집단행동을 무산시켰다. 외국인 혐오 민족주의는 서로 다른 민족 집단ethnic groups 및 국가 구성원 간의 혐오를 조장하고 있다.

이 두 유령의 파괴적인 특성—그리고 이들에 대한 반대 주장의 긴급한 필요성, 공유된 공동 이익에 대한 인식 그리고 국제 협력—은 코로나바이러스와의 투쟁으로 인해 만천하에 드러났다. 이런 종류의 재난에 대처하려면 위기에 대응할 여력이 있는 강력하고 자원이 풍부한 공공 보건과 기타 집단 서비스가 필요할 뿐 아니라 공익을 위해 기꺼이 자신의 활동을 자제할 시민들도 필요하다. 신자유주의는 기껏해야 최소한의 자원만 갖춘 공공 서비스만 용납했고, 개개인에게는 *각자도생* *se sauve qui peut*[*]의 이기적인 철학이 퍼지도록 부추겼다. 민족주의자들이 전염병과 같은 문제들을 국경선 안에서 해결할 수 있는 것으로 생각한 반면, 증거를 축적하고 검사와 백신을 추구하는 연구자들은 국경선이라고는 없는 과학이라는 세계적인 분야에서 언제나처럼 일하고 있다. 팬데믹 초기 단계에서 많은 정부들이 국경에서 새로운 검문을 시행하면서 솅겐협정Schengen agreement[**]을 일시적으로 중단한 것이 틀린 것은 아니다. 바이러스의 영향을 가장 많이 받는 북부 지역을 국가의 다른 지역과 분리하

---

* 원래 의미는 '각자 알아서 도망쳐라'이다.

** 솅겐협정은 유럽 각국이 공동의 출입국 관리 정책을 사용하여 국경시스템을 최소화해 국가 간의 통행을 자유롭게 하는 내용을 담고 있다. 우선 '솅겐협정'은 벨기에, 프랑스, 독일, 룩셈부르크, 네덜란드 5개국이 1985년 자유로운 이동이 가능하도록 국경검문소 철폐를 골자로 룩셈부르크 솅겐에서 체결한 협정이다. 5년이 지난 1990년 1985년 솅겐협정을 보완하는 '솅겐협정 시행 협정'이 체결되었고 1995년에 발효되었다. 일반적으로 이 두 협정을 합쳐 솅겐협정이라고 한다. 솅겐협정은 유럽연합의 법제도 밖에서 특정 국가 간에 만들어진 제도가 유럽연합의 제도로 흡수된 거의 유일한 사례이다. 솅겐협정을 해석하고 적용하는 과정에서 축적된 경험을 솅겐의 유산Schengen acquis이라고 하는데, 1997년 체결된 암스테르담조약Treaty of Amsterdam은 솅겐의 유산을 유럽연합의 조약으로 수용한다는 의정서를 체결했다.

려 시도할 때 이탈리아 정부가 깨달았듯, 사람들의 이동에 대한 불가피한 통제가 원만하게 이루어질 수 있는 곳은 오직 국경선뿐이다. 하지만 일시적인 필요에 따른 정책이 영구적으로 채택해야 할 정책이 되어서는 안 된다. 이는 실제로 많은 정부들, 기업들, 사람들이 접촉을 재개할 수 있는 초기 기회들을 모색하면서 입증한 사실이다.

신자유주의와 민족주의는 결코 사이가 좋지 않다. 신자유주의는 세계화를 추진하는 주요 이데올로기이며, 민족주의자들은 매우 불쾌하게 여기는, 사람들peoples 사이에 경제적·문화적 혼합을 만들어내는 힘이다. 그러나 그 둘은 냉소적인 동맹cynical alliance을 맺고 유럽뿐만 아니라 세계 각지에서 또한 공공 생활에서 지배적인 세력이 되겠다며 기세를 떨치고 있다.

이 둘을 결속시키는 건 두 가지 요소다. 신자유주의가 조장한 이기심은 인간 협력 영역의 확장을 거부하는 외국인 혐오증과 잘 어울린다. 이보다 훨씬 더 냉소적으로 본 상황도 있다. 만약 정치가 각자 경쟁하여 협력을 거부하는 개별 국가들 간의 게임이 된다면 초국가적 차원의 정치적 행동이란 것은 불가능하다. 이때 유일하게 실행 가능하고 또 절실히 필요한 것은 자본주의에 대한 규제인데, 신자유주의가 이것을 용납하지 않는다. 두 세력을 결속시키는 또 다른 요인은 두 세력 모두 정치적 우파에서 나왔다는 것이다. 같은 우파에서라고 해도, 나온 부분은 상이하지만 말이다. 신자유주의는 반평등주의자, 즉 경제적으로 자유주의적 우파가 유래이며 민족주의는 사회적으로 보수적인 요소가 그 유래다.

이 둘은 환경 훼손을 억제하지 않고 심화시키는 세계, 사람들과 국가들 사이의 적대적이고 추악한 관계들을 점점 더 심화시키는 세계 그리고 '주권적인' 민족국가의 범위를 훨씬 벗어나 위험한 금융도박financial risks에 개입하고 소비자, 노동자, 일반 대중의 이익을 자신들의 주주를 위해 이윤을 남기라는 정언명령imperative에 종속시키는 거대 기업의 권력에 의해 초래된 불평등이 증가하는 세계를 약속한다. 이러한 세계가 신자유주의와 외국인 혐오 민족주의가 공통으로 약속하는 세계다.

이 둘의 조합이 유럽 전역에서 지배적인 세력이 될 수도 있다. 이것은 오늘날 헝가리와 영국에서는 가장 강력한 동맹이며, 오스트리아와 이탈리아 그리고 유럽 외부에서는 오스트레일리아, 브라질, 인도와 미국에서 한동안 출현했었다.

신자유주의는 이미 1990년대에 매우 인기가 있었기 때문에 가장 주목할 만한 대항 세력인 유럽의 사회민주주의 정당들도 신자유주의 교리 중 많은 것들을 수용하기 시작했다. 그 결과 그들은 신자유주의적인 탈규제로 인해 초래된 2007~8년의 세계 금융 위기라는 재난으로부터 아무런 것도 얻어내지 못했다. 그 대신 경제 위기가 초래한 보통 사람들의 삶의 붕괴에 책임이 있다는 소문이 도는 엘리트들을 포함하고 있다며 기성 정당들을 비난할 자격을 외국인 혐오 민족주의자들에게 주어버렸다. 이와 유사하게 다수의 좌파 정당들에서도 놓쳐서는 안 될 중요한 요소가 목격된다. 이들은 외국인 혐오 운동에 대항할 유일한 방법이 그들의 의제를 일부 채택하여 좌파만의 고유한 국가 고립주의 견해 left's own version of national isolationism를 발전시키는 거라고 주장한다.

이 두 가지 해로운 방식을 모방하는 것 외에 다른 방법은 정말로 존재하지 않을까? 이 방식들에 이의를 제기할 방법은 정말 없는 걸까? 이기심과 혐오는 인간 행동의 매우 강력한 동기이며 이 두 동기에 노골적으로 호소하는 방법은 다수의 사람을 흔드는 데 효과적이다. 그러나 우리 주위에는 사심 없이 행동하고, 타인을 혐오하기

보다는 생산적인 평화 속에서 함께 일하는 것을 선호하는 사람들이 분명히 존재한다. 협력과 포용은 경멸의 대상이 아니라 미덕임을 증명하는 사람들도 확실히 존재하며, '외국인'을 거리를 두어야 할 존재creatures로 여기지 않는 사람이나, 폭력적인 분위기가 조장되는 것을 근심하는 사람도 있고, 그저 다문화사회가 가져다줄 삶의 다양함을 만끽하는 사람도 찾아볼 수 있다. 그러한 사람들이 다수를 차지한다면, 신자유주의와 외국인 혐오증에 대한 투쟁은 절망과는 거리가 멀다. 과제는 이들 다수를 위한 건설적인 정치적 표현articulation을 찾아 주는 것이다. 신기하게도 영국에서 유래한 두 가지 슬로건(하나는 신자유주의적 템플릿neoliberal template이며, 다른 하나는 유럽혐오주의에 대한 논평leader of Europhobia이다)이 무엇이 필요한지를 압축적으로 보여주고 있다. *함께 하면 더 좋고Better together*(스코틀랜드의 독립을 막기 위한 캠페인에서 큰 효과를 보았지만, 불행히도 브렉시트 국민투표에서는 그렇지 않았다)와 *혐오가 아니라 희망Hope not hate*(브렉시트에 수반된 혐오 범죄와 '소셜미디어'에서의 모욕적인 표현의 급증에 맞서기 위한 캠페인)이 그것이다.

만약 우파가 신자유주의와 외국인 혐오 민족주의의

기치 뒤에 집결하려는 유혹을 점점 더 많이 받는다면, 그들과 맞서야 하는 부담은 좌파와 중도—이는 사회민주주의자, 사회주의자, 환경주의자 그리고 (신자유주의에 반대하는) 사회적 자유주의자들을 포괄하는 가장 광범위한 용어다—의 의무다. 하지만 심지어 많은 중도보수주의자들 및 신자유주의자들도 우파가 취하고 있는 방향 전환에 대단히 불편해하고 있다. 우리는 두 개의 위협twin menace에 대항하여 가장 광범위한 연합을 구축할 기회에 주의를 기울여야 한다. 전략을 정당화하기 위한 도구가 팬데믹이라는 상황이기에 특히 그러하다. 만약 실패로 돌아간다면, 중도우파에서 좌파에 걸쳐 파편화된 다수에게, 극우파 중에서 나온 완고한 소수가 승리하는 심각한 결말을 맞게 될지도 모른다.

여러 해 동안 중도보수주의자들은 자신들을 법치와 헌법적 올바름constitutional rectitude의 주요 수호자라 자처해왔다. 그러나 여러 국가—헝가리, 폴란드, 영국, 최근까지 오스트리아와 이탈리아, 그리고 유럽 외부에서는 미국—에서 이들과 극우파의 행동이 별다르지 않다는 게 밝혀지면서 수호자라는 명성도 무색해졌다. 이 모든 국가들 그리고 다른 몇몇 국가들에서 준법적인 정부의 주요 수호자 역할은 때로 패배하는 것처럼 보이는 상황에서 중도보수주의자가 아닌 자유주의 좌파의 몫으로 떠넘겨졌다. 중도보수주의자들은 자신들이 어떤 친교company를 유지하기를 선호하는지 결정해야 한다. 특히 기독민주주의자들은 대답해야 한다. 당신들은 종교정치 부활의 기회를 헝가리, 폴란드, 미국의 주류인 비자유주의적 기독교 운동들illiberal Christian movements*에서 보는가, 아니면 프란치스코 교황Pope Francis의 포용적인 평등주의에서 보는가?

협력과 포용의 가치를 구체화하는 정책들은 모든 차

---

* 비자유주의적 기독교 운동은 19세기에 기독교, 특히 가톨릭을 자유주의 및 민주주의와 결합하면서 탄생한 기독민주주의의 기본적 가치를 부정한다. 기독민주주의자들은 제2차 세계대전 기간 극우적이고 반민주적인 우파세력과 연합하는 것이 얼마나 참혹한 결과를 초래하는지를 깨달았다. 따라서 그들은 자유주의에 기반하여 다원주의와 민주주의를 추구할 뿐 아니라 인권을 온전히 포용하는 방향으로 전환했다. 더 나아가 그들은 국가 주권에 대해 비판적인 입장을 견지하면서 유럽 통합을 적극적으로 지지했다. 일례로 기독민주주의자들은 국가 권력을 견제하고 인권을 보호하기 위해 유럽평의회Council of Europe가 1950년 체결한 유럽인권협약European Convention on Human Rights에서 중요한 역할을 했다. 하지만 비자유주의적 기독교 운동은 언론 통제와 사법부의 정치화를 통해 권위주의적으로 정치 권력을 추구하면서 다원주의와 민주주의를 훼손할 뿐 아니라 외국인 혐오적인 정책을 채택하는 등 인권을 유린한다. 이러한 의미에서 바자유주의적 기독교 운동은 극우포퓰리즘적 성향을 보이고 있다.

원의 정치에서 추구될 필요가 있지만, 유럽적 차원은 특히 중요하다. 오직 이곳**에서의 행동을 통해서만 이러한 가치들이 실질적이고 실제적인 효과를 줄 수 있다. 그러나 유럽적 정치형태European polity 그 자체가 개별 국가 내에서 이미 일어나고 있는 파편화를 반영하고 또 확대시키기 때문에, 이는 쉽지 않다. 유럽연합 자체가 평화적 협력과 통합의 전형embodiment이라는 유럽연합의 주장은 회원국 안에서 외국인 혐오적인 정당과 정부가 부상하는 상황에 강력한 제재를 가하는 일에 유럽연합 자신이 주저함으로써 그 근거를 희박하게 만들고 있다. 우리가 여기서 한발 더 나아가려면, 이러한 파편화를 이해해야만 한다.

민주주의의 파편화

20세기는 우리에게 대규모로 조직화된 블록들blocs의 민주주의를 물려주었다. 대부분의 서유럽에서, 계급과 종교 정체성에 기반을 둔 이 블록들은 규모가 큰 사회민주당과 기독민주당의 형태를 취했고, 때로는 더 세분화

** 유럽적 차원을 말한다.

되어 규모가 더 작은 자유주의적 세력과, 다른 세력들을 수반하기도 했다. 블록들은 원래 누가 시민권을 인정받을 권리를 가지는가에 대한 투쟁에 뿌리를 두고 있었다. 개개인들은 자신들이 어느 계급(혹은 종교 집단이나 민족)에 속해 있는지를 어렵지 않게 파악한다. 개개인들은 부과된 사회 정체성에 따라 시민권에서 배제된 이들과 제한받는 이들로 나뉘었고, 이들은 자신들을 시민권에서 배제된 이들, 그런 이들의 집단과 구분하도록 부추겨지기 때문이다. 이 구분은 보통 소유권 측면에서 결정되지만, 대체로 소득에 따라 구분한 집단, 즉 소득 집단과 일치하는 경향이 있었다. 소득 집단은 직업 범주의 구성원 자격과 상당히 밀접하게 일치했으며, 따라서 지역사회들과 조직들, 결과적으로는 계급과 연관되었다. 투쟁에 참여한 정당들이 전혀 다른 지역사회에 뿌리를 내리는 과정에서 이러한 소속의 앙상블*ensemble* of attachments이 정치 정체성을 전파해 나갔다. 대체로 정치적 우파는 외부인의 배제를 추구하는 모든 내부 집단들all included groups의 대표자로 정의되었다. 좌파는 정반대이다. 배제 때문에 피해자가 되기 쉬운 소수 종교, 소수 민족의 구성원들은 그들의 계급 정체성이 우파에 있다 하더라도 종종 좌파와 동맹을 맺었다. 다수 종교, 다수 민족의 구성원들은 그들의 계급적 위치가 왼쪽에 있다 해도 자신들을 우파와 동일시할 수 있었다. 이러한 과정에서 상반된 압력을 받은 사람이 적지 않았고, 몇몇 사람들은 지배적인 이분법과 거리를 두는 소수정당과 자신들을 동일시했다.

이러한 부당한 구별은, 일단 공식적으로 보편적 시민권이 달성되면서 더는 공공연한 갈등에 이용되지 않게 되었지만, 그래도 희미하게나마 남은 과거의 기억들이 그들에게 영감을 준 정치정당에 대한 충성심을 여전히 확고하게 만들었다. 한편 20세기에는 계급 대부분을 형성했던 산업 관련 고용이 감소했고, 이와 달리 다양한 포스트-산업 서비스 부문에서의 일자리는 증가했다. 이런 분야에서 일하는 사람들에게도 계급적 위치가 없는 건 아니지만, 시민권 투쟁에 참여한 결과 정치적 의미가 주어져 정의되는 위치와는 거리가 멀었다. 유럽 사회가 세속화되어 가면서 교회도 이전에 갖고 있던 정치적 단호함을 완화했기 때문에, 종교 정체성에 기반을 둔 정당 충성심도 비슷한 운명을 걸어 나갔다.

정치 정체성은 공유하는 삶의 경험을 정치적 포용 혹은 배제와 연관시키는 갈등과의 관계성이 점점 더 엷어지면서 그만큼 더 얄팍한 것이 되어갔다. 투표는 깊게 공감하는 사회적 연대의 표현이라기보다 광고에 반응하는 소비자 활동에 더 가까운 경험이 되었다. 유권자들은 정당을 이전보다 더 자주 바꾸었고, 때로는 투표할 의향이 전혀 없기도 했다. 그리고 새로운 정당들이 이전과 다른 관심사에 대응하면서 등장했다. 오늘날 시민들은 일반적으로 대규모 헤게모니 조직에 적응하는 것을 잘 받아들이지 못하고, 그들의 부모보다 충성심을 깊게 뿌리 내리지 않는다. 우리가 상속받은 정당들의 큰 블록들은 변화무쌍하고 일시적인 충성 및 동맹의 만화경kaleidoscope으로 파편화되고 있다.

이런 현상을 거대 블록 정당들은 쉽게 받아들이지 못하며, 자신들의 쇠퇴를 피할 수 있는 실패로 본다. 당연히, 그들은 예전의 위치로 돌아가기를 열망한다. 그러나 지금 일어나고 있는 일은 한 시대에서 다른 시대로의 이행이다. 그것은 누구의 '잘못fault'도 아니다. 네덜란드와 덴마크 정치에서 오랫동안 그래왔듯이, 정부들은 점점 더 정당 그룹들groups of parties 간의 다양한 연합으로 구성된다. 유럽의회European Parliament* 자체는 그러한 정치를 위한 훌륭한 무대다. 왜냐하면 27개 회원국 전역에서 다양한 국내 연합에 등장하는 많은 형태의 정당들이 있으며, 특히 의회는 사실상 복잡한 만화경을 제시할 수밖에 없기 때문이다.

서유럽 전역에서 이러한 변화는 구 블록 정당들에게 도전을 제기한다. 보수 정당들과 기독 정당들은 첫째, 불명료한 관리 계층을 옹호하는 믿을만하고 기업을 소유한 *부르주아지*bourgeoisie의 쇠퇴와 둘째, 이 정당들이 대중들의 관심을 받게 했던 종교 정체성의 쇠퇴로 고통받고 있다. 하지만 여전히 남은 기반이 있다. 부유하고 성공한 사람들과의 제휴는 그들에게 투표하는 것이 스스로 부여한 성공의 휘장badge이 될 수 있도록 한다. 역사적으로 가난하고 약한 사람들과 제휴한 좌파 정당들은 반대되는 휘장을 달고 있다. 따라서 그들의 쇠퇴는

---

* 유럽의회는 유럽연합 회원국의 시민들에 의해 5년마다 직접선거로 선출되는 유일한 유럽연합의 기관이다. 유럽의회 의원은 1979년 이전까지는 회원국 의회의 의원 중에서 임명되었지만, 그 이후 유럽 시민들의 직접선거로 선출된다. 유럽의회는 유럽적 차원에서 정치적 논쟁과 정책 결정을 위한 중요한 장이다. 유럽의회 의원들은 모든 회원국 유권자들에 의해 직접 선출되어 유럽 시민들의 이익을 대변하고 다른 유럽연합 기관들이 민주적으로 활동하도록 한다. 한편 유럽의회 의원들은 국적과 관계없이 유사한 정치적 이념과 성향에 따라 정당 그룹을 결성한다.

더 가팔랐다.

이 이야기에는 더 복잡한 얘기가 있다. 첫째, 좌파 정당들은 산업노동자 계급의 쇠퇴를 부분적으로 벌충할 이득을 얻었다. 한때 지배계급이 충성심을 확보하기 위해 특권을 부여했던 소규모 집단인 공무원들은 이제 대규모 노동 인구workforce가 되었다. 그들의 소득이 공공예산에서 큰 부분을 차지하고 있어 낮은 과세taxation를 약속한 보수주의자들과 경제적 자유주의자들의 적대감을 사고 있다. 그래서 점점 더 많은 공무원들이 좌파와 동맹을 맺는다. 보다 일반적으로 말해, 공공이든 민간이든 사람과 관련된 서비스직에 종사하는 사람들은 자유롭고 포용적인 사회적 견해를 가질 가능성이 있음을 보여주는 증거가 있고, 이러한 견해는 우파보다는 좌파의 지지를 받을 가능성이 더 높다. 과학기술technology이 개인적인 접촉을 필요로 하지 않는 일자리를 점점 더 많이 대체함에 따라 이런 종류의 고용은 증가하는 경향이 있다.

둘째, 완전한 시민권의 지속적인 제한에 맞선 여성들의 투쟁이 갈수록 심화되었는데, 이러한 현상은 여성들이 포스트-산업적 직업들, 특히 공공 및 사람과 관련된 서비스에서 중하위 직종의 절대다수를 차지하고 있다는 현실에 의해 강화되었다. 역사적으로 여성들은 좌파 정당들보다 보수 정당들에 투표하는 경향이 강했는데, 이는 부분적으로는 여성들이 종교에 대한 애착이 강하고, 유급 노동 인구와의 관련성은 낮았기 때문이었다. 그러나 사회는 세속화되었고 직업 구조는 변화했다. 이 두 현상이 결합하여 여성들을 좌파로 향하게 했고, 실제로 여성들은 새로운 전위vanguard가 되고 있다.

셋째, 국경을 넘나드는 적지 않은 이주를 포함하여 국가 간의 경제·사회·문화적 접촉이 증가함에 따라 소위 '보편적universal' 시민권에 대한 국가적 한계, 그리고 특정 정치 공동체에 포함되어야 할 사람들에 대한 정의가 의문시되고 있다. 민족국가는 더는 시민권과 민주주의를 위한 궁극적인 성취 수준이 될 수 없다. 동시에 국제화는 사회적 배제를 위한 새로운 캠페인을 시작할 수 있도록 우파 정당들에게 주요한 기회들을 제공한다. 이민자 증오, 때로는 소수 민족에 대한 적개심을 내세워 국가 정체성을 추구하는 골수 인원들을 계급을 막론하고 집결시킨 뒤, 유럽연합과 같은 초국가적 조직에 관여할 수 있는 길을 열어주고 마는 것이다.

이러한 복잡성 중 처음 두 가지는 반드시 전통적인 사회민주주의가 아니라도 정치적 좌파에 유리하다. 세 번째는 비록 중도적 형태는 아니지만 우파에 유리하다.

중동부유럽central and eastern Europe, CEE 국가들에는 서구 주요 블록 정당들의 오랜 역사가 결여되어 있다. 따라서 그들의 정치 구조는 서구가 지금 경험하고 있는 미래를 수년간 앞당기고 있다. 오히려 기존 서구 모델에 점차 끌리기보다는 그 반대 현상이 일어나고 있다. 20세기 전반 서유럽과 유사한 시민권을 위한 그들의 투쟁은 동등한 보편적 권리를 동등한 권리의 부재를 의미하는 것으로 해석하는 국가-사회주의적 형태state-socialist form에 의해 선점되었다. 단일 사회주의 블록 정당에 대한 투표는 다소 강제적인 것이 되었다. 국가-사회주의 기간 동안 진정한 시민권을 위한 캠페인은 불법적인 것이 되었고, 따라서 대중적 호소를 거의 확립하지 못했으며, 더 광범위한 저항은 신속하고 무자비하게 진압되었다.

1980년대 말, 구체제의 급속한 붕괴는 인구 전체에 깊게 뿌리내릴 수 있는 움직임을 취할 시간을 주지 못했다. 1990년 이후 서구 정당과 같은 것을 설립하려는 시도는 실망스러웠다. 이는 사회주의 정권에 대항하여 시민권 획득을 위해 싸우는 용감한 전사들의 소그룹을 넘어서지 못했다. 비록 여전히 일시적이지만, 성공적인 정당들은 정부를 구성하기 위해 파편화된 연합으로 뭉쳐진 개별적인 부유한 남성들을 중심으로 조직될 가능성이 더 컸다.

그러더니 헝가리의 *청년민주동맹* **Fidesz***을 시작으로 폴란드의 *법과정의당* ***Prawo i Sprawiedliwość*****이 그 뒤를 재빠르게 뒤따랐고, 정치인들은 오랫동안 다양한 형태의 외국 지배에 종속되었으며 지배적인 국가 민족성 **national**

---

*　청년민주동맹은 시장경제와 유럽 통합을 지향하면서 1988년 창당했으며 현재 헝가리의 집권 정당이다. 초기에는 중도우파 정당이었지만 현재는 극우포퓰리즘적 성향을 보이고 있다. 1998년 총선에서 승리를 하면서 제1당이 되었고 당 대표였던 빅토르 오르반이 연립정부의 총리가 되었다. 그는 2002년 총선에서 연정이 무너지면서 총리 자리에서 사임했다. 그 이후 2008년부터 시작된 경제위기로 인해 당시 집권당이었던 사회당에 대한 지지도가 하락하기 시작했고, 청년민주동맹은 2010년 총선에서 3분의 2 이상의 의석을 차지하면서 재집권했다. 2014년과 2018년 총선에서도 승리하면서 오르반이 매번 총리가 되었다. 청년민주동맹이 2010년부터 선거에서 대승을 거둔 이유 중 하나는 극단적인 반난민정책을 표방했기 때문이다.

**　법과정의당은 우파 민족주의를 표방하면서 2001년 창당했으며 2015년부터 현재까지 집권하고 있는 정당이다. 법과정의당은 강경한 반난민정책, 사법부 독립 훼손, 언론 통제 등으로 민주주의와 인권을 후퇴시키고, 더 나아가 성소수자 옹호 주장을 외세와 영합해 폴란드의 민족 정체성을 훼손하는 시도라고 공격하는 등 극우포퓰리즘적 성향을 보이고 있다.

ethnicity이 싫어하는 주요 민족적 소수집단을 포함하고 있는 국가들에서 민족주의와 외국인 혐오증의 잠재력을 발견하기 시작했다. 유대인들은 주로 나치 제노사이드Nazi genocide로 이들 사회에서 제거되었지만, 증오하는 외부인으로서의 유대인이라는 아이디어는 종종 외국인 혐오 세력의 동인으로서 유대인의 실제 소멸에도 불구하고 살아남았다. 항상 그렇지는 않지만 민족주의 및 다른 형태의 사회적·종교적 보수주의를 신자유주의적 경제학과 결합하는 그러한 정당들은 빠르게 인기를 얻고 있다.

이러한 전개 과정은 기존 정치계 대부분에 문제와 기회를 제공한다. 일부 보수주의자들은 전쟁 기간 그들 대다수가 의지했던 민족주의와 반동적인 형태의 기독교로 돌아가고자 하는 유혹을 받는다. 그러나 그것은 나치즘과 파시즘과의 파멸적인 제휴로 이어지는 길이다. 자유주의자들은, 신자유주의적 외관으로, 초국가적 경제 거버넌스로부터의 후퇴를 초래하는 세계 경제의 탈규제에 유혹되지만, 그에 따른 보호무역의 복귀와 국제무역의 쇠퇴를 두려워한다. 한편, 그들의 보다 일반적인 자유주의는 사회적 배제로 돌아가려는 새로운 추진력을 받아들일 수 없다.

사회주의자 및 사회민주주의 좌파 중 일부는 개방, 포용 그리고 국제주의에 대한 역사적 약속을 포기한 채 그 성과—복지국가, 조직화된 산업 관계 체계 등—가 대부분 이뤄진 차원인 민족국가의 주권을 재천명하려는 유혹을 받고 있다. 이 선언의 주요 주제는 주로 사회민주주의에 속하는 주제인 사회적 유럽 의제의 발전이라는 점을 감안할 때, 나는 이 문제에 집중할 것이다.

사회민주주의의 문제

정치적 좌파는 역사적으로 평등에 대한 약속과 그 장벽 제거로 정의되어 왔으며, 따라서 시민권에 대한 포용 증대를 변함없이 지지해왔다. 정치적 좌파의 궁극적인 목적은 고통받는 인류 전체와의 연대를 포괄하기 위해 국가적·민족적 경계를 초월하는 것이다. '진보적progressive'이라는 용어가 '근대화modernisation'를 지지한다는 무의미한 편견을 넘어서는 정치적 의미를 갖는다면, 그 용어는 점진적으로 포용을 확대하려는 생각을 의미해야 한다. 그러나 그 목표에는 문제가 있다. 이러한 것들은 실현가능한 열망의 현실적 한계인 민족국가의 존재에 의해 오랫동안 우리에게서 은폐되었다. 즉 국가적인 것the national이 보편적으로 제시될 수 있었다. 그럼에도 불구하고, 특히 북유럽 세계에서 사회민주주의 정부들은 오랫동안 가난한 국가에 대한 관대한 원조 프로그램, 망명 정책에 대한 긍정적 수용 그리고 국제기구들에의 적극적 참여를 통해 광범위한 포부를 현실화하기 위해 노력해왔다.

최근에는 세계화, 이주 흐름 그리고 산업사회의 쇠퇴가 사회민주주의 지지 기반의 상이한 부분들 간의 격차를 확대하면서 이러한 입장에 심각하게 도전하고 있다. 공공 노동자와 기타 사람과 관련된 서비스 노동자들 사이에서의 새로운 유권자들constituencies, 그리고 더 일반적으로 번창하는 다문화 도시의 주민들은 국경의 초월성과 더 많은 포용에 대한 전면적인 환영을 수용했다. 그러나 제조업과 광업에 종사하는 남성 육체노동자의 원래 유권자 중 상당 부분—오늘날 점점 더 '이전' 제조업과 광업에 종사하는—은 매우 다르게 느꼈다. 세계화, 이민 그리고 점점 더 증가하는 취업 여성의 증가는 (오해에 기인한 것이지만) 그들의 일자리를 위협하는 것처럼 보였다. 이민과 국제기구 참여는 지역 공동체 의식과 국가 독립에 대한 자부심 모두를 위협한다. 사회민주주의의 두 유권자는 서로 정반대 방향으로 움직이고 있다.

1990년대와 2000년대 동안 소위 제3의 길이라는 아이디어를 채택한 많은 정당들은 새롭고 개방적인 생각을 가진 유권자를 전폭적으로 수용하고 옛 산업노동자 계급의 문제를 무시함으로써 이 딜레마를 해결하려고 했다. 둘 중 하나를 선택할 필요가 있다면, 이것은 실제적으로나 윤리적으로 모두 정당화될 수 있다. 실제적으로, 새로운 유권자는 21세기 경제의 보다 역동적인 부문에서 성장하고 종사할 가능성이 있는 교육받은 지지 기반을 좌파에게 제공하고 있다. 윤리적으로, 이 유권자의 외향적인 전망은 포용과 국제주의에 대한 좌파의 장기적인 약속과 더 잘 어울린다.

하지만 이 선택은 결국 다시 실제적이고 윤리적인 새로운 문제들을 남겼다. 실제적으로, 옛 노동자 계급이 계속 쇠퇴하고 있지만, 그들 없이 사회민주주의적 다수를 형성하는 것은 불가능하다. 윤리적으로, 비록 오늘날 이 계급의 많은 구성원들이 외부인들이 삶의 좋은 것들을 공유하지 못하도록 배제하려는 민족주의 엘리트들의 이익을 공유하는 경향이 있지만, 그 자신의 박탈감은, 특히 쇠퇴가 암울한 전망을 가져오기 때문에, 제대로 된 좌파 정치의 관심을 계속 끌고 있다.

극좌파의 몇몇 사람들에게는 옛 노동자 계급의 불운한 쇠퇴가 기회, 즉 마르크스Karl Marx가 사회주의 혁명을 초래할 것이라고 믿었던 프롤레타리아트 궁핍화immiseration of the proletariat의 마지막 도래를 제공하는 것처럼 보였다. 하지만 이것은 실제 일어나고 있는 일이 아니다. 사람들은 역사가 그들을 지나간다고 믿을 때, 대담하고 진취적인 대의명분을 받아들이는 대신 그들이 가지고 있는 어떤 불안정한 이점에도 도전자들을 배제하기로 약속한 협소하고 방어적인 운동에 의존한다. 따라서 외국인 혐오적 권리뿐만 아니라 낮은 세금을 약속하는 신자유주의 권리도 그러한 상황에서 번성한다. 쇠퇴에 직면한 사람들은 그들 가족과 지역사회를 낙관적인 미래의 일부로 볼 수 있을 때 미래 지향적이고 관대한 가치를 받아들일 수 있다. 외국인 혐오 운동에 대한 지지는 의심할 나위 없이 현대적이고 선진적인 제조 및 서비스 부문을 가진 도시들에서, 또는 다양한 노동 기회를 노동자에게 제공할 수 있을 정도로 충분히 큰 도시에서 가장 약하다.

코로나바이러스 위기는 노동자들이 생활수준의 심각

한 저하에 대응할 수 있는 이러한 대안적 방식들 사이의 선택을 선명하게 만들었다. 어느 것이 승리할까. 선린의식과 상호의존성의 가치 그리고 시장 불평등을 줄여야 한다는 절박감일까, 아니면 사회적 배제를 강화함으로써 이전 생활 방식을 최대한 많이 보존해야 한다는 편협한 관심을 통해 배운 교훈일까? 가장 큰 위험은 새로운 형태의 국가사회주의, 나치 이데올로기가 등장할 것이라는 점이다. 공동-작업과 집단행동은 수용되며, 사회적 포용과 평등주의는 거부된다.

나는 신자유주의, 외국인 혐오증과의 현재 대립을 주로 가치의 측면에서 정의했다. 완고한 정치인들은 이것을 순진하다고 여길 것이고, 유권자 충성심의 주된 동기가 이익이라는 점을 지적할 것이다. 그러나 철학과 정치학이 가치와 이익뿐 아니라 감정과 이성을 구별하는 방법을 잘 알고 있다고 할지라도, 일상생활은 그리 간단하지 않다. 우리는 일반적으로 이익의 추구에 덕성moral quality이 있다고 믿고 싶어 한다. 그게 아니면, 최소한 그렇다고 표현하려고 든다. 대중민주주의에서 투표 행위에는 가치에 대한 집단적 확인collective affirmation에 참여하려는 욕구가 필요하다. 개인의 한 표만으로는 실질적인 효과를 거두지 못하기 때문이다. 실제로 내가 그 원인을 신자유주의와 외국인 혐오증으로 설명하는 이기심과 혐오에는 강력한 도덕적 요소가 포함되어 있다. 재분배적 과세와 공공 서비스 제공을 거부하는 신자유주의적 발상은 가난이 대개 무기력과 게으름에 기인하며, 자칭 '노력해서' 성공한 부자들과 중산층들의 재산은 보호받아 마땅하다는 주장에 크게 의존하고 있다.

심지어 혐오조차도 종종 도덕적인 기반을 가지고 있다. 세계적으로 위대한 종교의 역사는 신성한 가치라는 이름으로 저질러진 극도의 폭력 행위로 가득 차 있다. 우리의 진정한 동기(만약 우리가 이것이 무엇인지 결정할 수 있다면)가 무엇이든, 사람들, 특히 정치 지도자들은 그들의 행동을 도덕적인 관점에서 제시할 필요성을 느낀다. 헝가리의 빅토르 오르반Viktor Orbán이 이끄는 외국인 혐오 민족주의 운동의 지도자들은 전통적인 기독교, 물질적 동기부여에 반하는 보수적 가치, 비도덕적 자유주의자 및 이슬람교도라는 주장을 옹호한다. 그들은 심지어 '자유주의자들'이 기독교 세계를 이슬람화하려고 한다는 극우파의 음모론을 선전하기도 한다. 마테오 살비니Matteo Salvini가 이탈리아의 법무부 장관으로 재직했을 때, 그는 이탈리아로 탈출하려는 이슬람교도 난민들에 대한 가혹함에 만족하지 않았다. 그는 종종 공공장소에서 십자가상과 묵주에 키스했다.

브렉시트 주역들의 주요 주장은 영국의 유럽연합 탈퇴에 분명 경제적 비용이 들지만, 물질적 이익보다 더 중요한 국가적 자부심과 주권의 가치를 분명히 드러낼 수 있다는 것이었다. 브렉시트 국민투표에서 이들은 유럽연합 가입 지지자들이 터키를 회원국으로 인정하여 영국을 수백만 이슬람교도 이민자들로 채우기를 바라는 사람들이라는 주장을 대중에게 퍼뜨렸다. 이는 이슬람화에 관한 음모론의 암묵적인 반영이며, 그 자체는 중세 십자군 원정의 먼 메아리였다. 현재의 분위기에서 좌파는 가치를 주장하는 것보다 가치에 관한 논거argument를 무시함으로써 패배할 가능성이 더 크다. 팬데믹 기간 동안 나눔과 상부상조, 시민 사회 강점의 재발견은 좌파의 윤리적 호소에 추가적인 근거를 제공할 것이다.

우리 개인의 정치적 입장은 물질적 이익과 도덕적 가치의 복잡한 혼합물이다. 세금을 많이 부과할 정당에 선거 때마다 투표하는 부유층과 같이, 물질적 지위와 직접적인 충돌을 일으키면서 정치적으로 행동하는 사람들이 항상 분명히 존재한다. 더 흔한 것은 보다 미묘한 연결고리subtler links다. 주로 상당한 인간 상호작용을 동반하는 일자리에 종사하는 사람들은 살아가기 위해 다양한 인간 유형에 적응하고 이를 받아들여야 하므로 자유주의적 가치를 가질 가능성이 크다. 자신이 경제적으로 취약하다는 것을 스스로 알고 있는 노동자들은 스스로 관리할 수 있다고 확신하는 사람들보다 집단적 가치를 지지하고 노동조합에 가입할 가능성이 더 크다. 젊은이들은 더 악화된 조건에서 더 오래 살게 될 가능성이 있으므로 노인들보다 기후 변화와 환경 훼손에 대해 걱정할 가능성이 더 크다. 이러한 연결고리는 과거와 마찬가지로 현대사회에서도 중요하지만, 우리 삶의 파편화된 특성으로 인해 가치와 이익에 대한 인식이 어떻게 관련되는지를 파악하기 힘들게 만든다. 이것이 정치적 충성심이 파편화되고 정당의 범위가 확대되는 주요 이유다.

이러한 맥락에서 정당들은 자신들의 가치를 그들이 정의한 특징으로서 주장할 필요가 있으며, 그런 다음 연구 방법을 활용하여 가장 호소할 가능성이 큰 인구 부분을 파악해야 한다. 이러한 맥락에서 사회민주주의가 핵심적으로 정의한 특징은 불평등을 줄이기 위해 인간의 포용과 협력을 증가시키려 계속 노력해야 한다는 것이다. 이는 신자유주의와 외국인 혐오증의 도덕적 호소에 직접 도전하지만, 이것만으로 다수를 결집시킬 가능성은 거의 없다.

사회민주주의 정당들이 단일 정당 정부를 구성할 능력을 상실하고 있다면, 그들은 현대 정치의 만화경 중 일부가 되는 것에 적응해야 한다. 만약 이것이 주로 이기심과 혐오에 맞서 협력과 포용을 위한 의제를 구축하는 것이라면, 그것은 전도유망한 과제가 되어야 한다. 특히 환경주의자와 좌파 성향의 자유주의자들이 가장 분명한 동반자이지만, 외국인 혐오를 수용하기를 거부하는 보수주의자들, 유사한 기본 의제를 추구하는 다른 소수정당들이 동반자가 될 수도 있다.

유럽이 그 중심에 서는 것은 필수적이다. 세계적으로 많은 것이 거래되고 기후와 생물 다양성의 피해를 국경 안에 억제할 수 없는 세상에서, 협력은 국가를 초월해야 하며, 따라서 우파든 좌파든 국가 주권에 대한 집착과 양립할 수 없다. 유럽 좌파에게, 이는 유럽연합 기관들이 선언 말미에 별도의 장에 배치하기 위한 추가사항이 아니라 목표와 정체성의 중심이라는 것을 의미한다.

2

유럽연합의 신자유주의적 수용에 대한 투쟁

"더 많은 시장을 원한다면,
더 많은 사회정책을 가져야 한다."

유럽연합의 좌파 비판론자들은 신자유주의적 전제가 유럽연합 구조에 내장되어 있다고 지적한다. 왜냐하면 프리츠 샤프 Fritz Scharpf[1]의 잘 알려진 주장처럼, 적극적 과제 positive task(시장을 보완할 새로운 제도 찾기)보다는 소극적 과제 negative task(시장 장벽 허물기)에 대한 국가 간 합의를 확보하기가 훨씬 쉽기 때문이다. 이렇듯 구조적으로 결정된 친시장 성향은 1990년대 후반부터 유럽연합의 정책 결정 기관에서 신자유주의에 대한 보다 직접적인 이데올로기적 약속으로 크게 강화되었다. 국내 정치에서도 흔히 그렇듯이, 우파든 좌파든 유럽 정책 결정자들은 시장과 공공정책 조치를 제로섬 게임으로 보는 경향이 있다. 즉, 더 많은 시장을 원한다면, 더 적은 사회정책을 가져야 하며, 그 반대도 마찬가지라는 것이다. 그러나 20세기의 역사는 우리에게 그 반대가 진실이며 둘 다 함께 진행될 필요가 있다는 것을 보여준다.

칼 폴라니 Karl Polanyi[2]가 18세기 영국의 초기 산업 혁명에 관한 연구에서 증명했듯이, 시장의 확장은 사회를

---

1 W Scharpf, 1999, *Governing in the European Union*, London: Sage.

2 K Polanyi, 1944, *The Great Transformation*, New York: Rinehart.

안정시키는 다양한 제도들을 파괴하고, 대규모 불안과 사회적 혼란을 피하기 위해 새로운 제도들을 건설할 필요성을 창출한다. 이것은 시장이 수익성 있는 것을 취하고 그 목적에 도움이 되지 않는 것을 버리는 방식으로 작동되기 때문에 일어난다. 따라서 시장은 낭비[혹은 쓰레기]를 생산한다. 이는 프란치스코 교황이 현대 자본주의에 비판적인 이탈리아 경제 신문인 *Il Sole 24 Ore*[3] 2018년 기사에서 *로 스카르토* *lo scarto*라고 불렀던 것이다. 이 이탈리아어 단어는 낭비를 의미할 뿐만 아니라 버려지는 것에 관한 생각을 담고 있다. *로 스카르토*에는 우리가 지금 환경적 해악으로 생각하는 물질적 폐기물뿐만 아니라, 시장이 필요로 하지 않는 살아 있는 인간, 또는 심지어 기존 삶의 방식들도 포함된다.

억제되지 않은 시장은 인간의 삶을 걷잡을 수 없이 파괴하고 지구를 오염시키는 경향이 있다. 다른 한편 시장의 창조적 파괴가 없다면 어떠한 혁신도 일어나지 않고, 사회는 여전히 가난할 것이다. 시장의 강화에는 그 결과

---

3 Il Papa Francisco, 2018, 'L'economia dello scarto', *Il Sole 24 Ore*, 7 September.

로부터 우리를 구하고 근본적인 정치적인 공격으로부터 시장 자체를 구하기 위한 공공정책이 필요하다.

이는 단지 시장에 대한 방어의 문제가 아니다. 시장 그 자체의 많은 요구는 그 자체로 제공될 수 없으므로 공적 개입 또한 필요로 한다. 주요 사례로는 경제가 효율적으로 작동될 수 있도록 하는 기반시설(운송망처럼 물리적인 것, 그리고 교육과 직업훈련처럼 인간적인 것)과 규제체계 regulatory frameworks가 있다. 시장경제 자체를 보호하고 강화할 뿐만 아니라 시장경제의 피해로부터 우리를 보호하는 제약을 조건으로 한다면, 시장은 매우 효율적인 형태의 경제조직으로서 만만찮은 유일한 경쟁자로 부상한 국가-중심적 경제보다 우월하다. 사회민주주의 좌파는 시장의 억제보다는 효율적으로 규제되지만 광범위한 시장을 추구한다. 이 입장은 더 광범위한 진보적 연합 progressive coalitions과 사회적 유럽 발전에서의 새로운 국면을 이끌어 가는 데 적합하다.

이러한 사안에 대한 유럽연합의 과거 행적은 프리츠샤프의 주장이 암시하는 것만큼 부정적이지 않다. 무엇보다, 시장질서에 대한 유럽연합 경제학자들의 해석은 미국의 그것만큼 극단적이지 않다. 경쟁시장 competitive market이라는 말이 독점 보호가 아니라 문자 그대로의 의미를 지니도록 하는 강력한 경쟁정책competition policy이 있으며, 운송과 커뮤니케이션, 정보기술과 첨단과학을 향상시키기 위한 주요 기반시설 프로젝트가 있다. 이것들은 좌파가 지지하고 강화하려고 노력해야 하는 유럽연합 정책 결정 요소들이다.

더욱 중요한 것은 이러한 것들이 국가 간 협력을 통해서만 이루어질 수 있고, 실제로도 유럽연합에 의해 달성되고 있다는 것을 회원국 정치인들이 자국 내에서 크게 외칠 필요가 있다는 점이다. 심지어 가장 열성적인 친유럽연합 정치인들조차도 유럽연합의 정책 중 자국에 긍정적인 것들에 관해서는 온갖 공을 독차지하기 위해 노력하면서도, 부정적인 것들에 관해서는 유럽연합을 비난한다. 이는 매우 근시안적인 행동이며 동시에 거의 모든 유럽 국가의 외국인 혐오 정당들이 유럽연합을 관료적인 규칙을 강요하는 것 말고는 아무 일도 하지 않는 것으로 단정하게 만드는 행위였다.

하지만 지난 20년 동안 유럽연합에서 교조적인 신자유주의가 부상했다는 점은 부인할 수 없다. 그보다 이전에, 로마노 프로디Romano Prodi*의 전임자인 자크 들로르 Jacques Delors** 유럽위원회 European Commission*** 위원장은 폴라니 주장의 논리를 받아들이는 것처럼 보였다. 들로르는 단일 시장 프로그램 하에서 시장 프로세스의 주요 확장과 가장 광범위한 의미에서 사회정책의 최대 확장—마스트리흐트조약의 사회적 장 the social chapter of the

---

* 로마노 프로디는 중도좌파 성향의 정치인으로 이탈리아 총리를 역임했다. 1970년대 이탈리아 정계에 입문하여 산업부 장관, 중도좌파 정당 연합체 의장, 총리 등을 거쳐 1999년부터 2004년까지 유럽위원회 위원장을 지냈다. 그의 재임 기간 유로Euro 도입, 중동부유럽 국가 등의 대규모 가입이라는 성과가 이루어졌다. 그 후 그는 2006년 이탈리아 총선에서 승리하여 다시 총리로 취임했다.

** 자크 들로르는 프랑스 사회당 출신의 정치가로서 1979년부터 1981년까지 유럽의회 의원 그리고 1981년부터 1984년까지는 프랑스 재무장관으로 재직했다. 그는 1985년부터 1995년까지 세 번 연속으로 유럽위원회 위원장을 역임했다. 그가 유럽위원회 위원장직에 재임하는 동안 1987년 단일유럽의정서Single European Act, 1993년 마스트리흐트조약Maastricht Treaty이 발효되었다. 특히 그는 유럽통화동맹European Monetary Union 건설과 노동자의 사회기본권 헌장Charter of the Fundamental Social Rights of Workers 제정 등에서 주도적인 역할을 했다. 이러한 활동 덕분에 그는 미스터 유럽Mr. Europe으로 불렸다.

*** 유럽위원회는 유럽연합에서 입법부인 동시에 집행부 역할도 겸하는 이중적인 성격을 가진 초국가적 기관이다. 유럽위원회는 새로운 정책과 입법을 제안하고, 이사회와 유럽의회의 승인을 받아 그 정책과 입법을 집행한다. 나아가 유럽위원회는 이른바 조약의 수호자Guardian of the Treaty로서 회원국에서 조약의 시행은 물론이고, 공동체 정책과 입법의 시행 여부를 감독하는 권한을 갖고 있다. 그리고 유럽위원회는 유럽연합의 예산에 관한 관리 업무도 맡고 있다. 더 나아가 유럽위원회는 대외적으로 유럽연합을 대표한다.

Maastricht treaty, 유럽위원회와 지방 및 지역 정부, 노동조합, 고용주 단체 그리고 다양한 시민 단체와의 접촉 네트워크를 통한 유럽시민사회의 출현—양자 모두를 두루 살폈다. 다른 어떤 국제 무역 기구도 회원국 시민들과 이런 관계를 맺지 않았다.

하지만 이 에피소드에는 주주 이익의 우선순위에 기반한 탈규제적 자본주의와 불안정한 노동시장이라는 영미 모델의 명백한 우위가 발생했던 시기가 바로 뒤따랐는데, 이는 유럽 국가들European capitals의 공황을 초래했다. 다양한 정치적 계열의 회원국 정부들 그리고 그들의 영향 아래 유럽연합 자체는 강화된 신자유주의 프로그램에 착수했다. 2004년부터 예전에 국가-사회주의였던 국가들이 유럽연합에 가입했고, 이는 유럽연합 회원국 정치 지도자들이 사회민주주의와 복지국가가 공산주의와 별다르지 않다고 하는 발상에 이르도록 이끌었다. 그리고 이것이 신자유주의적인 전환을 강화시켰다. 유럽위원회 지도자들은 사회적 유럽이 얼마나 과거에 속해 있는지를 강조하기 위해 최선을 다했다. 사회적 장social chapter* 에는 새로운 제안이 거의 없었고, 각국 정부는 노동자의 권리를 축소하라는 압력을 받았다.

금융위기에서 영미식 탈규제 모델의 붕괴는 명백한 성공 대부분이 지속 불가능한 2차 시장**의 부풀려진 성장 때문이라는 점을 시사했어야 했다. 어느 정도까지는 이런 일이 일어났다. 2017년 유럽연합 예테보리Gothenburg 정상회담에서 유럽사회권기둥European Pillar of Social Rights***에 관한 합의는 유럽 통합에서 사회정책의 역할을 다시 인정하는 방향으로 회귀했음을 보여준 것이다. 유럽사회권기둥은 유럽 시민들이 향유할 자격이 있음을 자각하고 회원국들이 그것들을 실현할 수 있도록 돕기

---

* 사회적 장은 1993년 발효된 마스트리흐트조약에 부속된 사회정책의정서Protocol on Social Policy와 사회정책협정Agreement on Social Policy의 또 다른 이름으로 사회적 유럽의 실현이라는 목표를 명확히 한 것으로 평가된다. 1997년 체결된 암스테르담조약은 마스트리흐트조약의 사회정책의정서와 사회정책협정을 보다 발전시켰다. 우선 고용에 대한 독자적인 장이 조약 본문에 포함되었다. 둘째, 암스테르담조약은 마스트리흐트조약의 사회정책의정서와 사회정책협정을 조약 본문 안으로 통합했다. 하지만 그 후 유럽연합 차원에서 보다 실질적인 변화를 가져올 수 있는 새로운 제안은 없었다.

** 증권거래소를 의미한다.

*** 유럽의회·유럽이사회·유럽위원회는 2017년 11월 16일 스웨덴 예테보리에서 '공정한 일자리와 성장을 위한 사회정상회담Social Summit for Fair Jobs and Growth'을 개최하고 11월 17일 엄숙한 선언a solemn declaration으로 유럽사회권기둥European Pillar of Social Rights을 채택했다. 유럽사회권기둥은 기회균등과 노동시장에의 평등한 접근, 공정한 노동 조건 그리고 사회보장과 통합 등을 중심으로 20가지 기본 원칙을 포함하고 있다.

위해 유럽연합이 약속해야 할 일련의 사회적 권리를 확립했다.

이어서 이것들이 그저 빈말에 그치지 않으려면 강력한 실질적인 조치가 뒤따라야 한다. 적어도 그것이 사회적 유럽 개념 social-Europe concept에 대한 이전의 거부를 폐기한다는 점은 보여주어야 한다. 2019년 6월 유럽이사회 European Council*는 *EU 2019-24를 위한 새로운 전략 의제 A New Strategic Agenda for the EU 2019-24*에 전념했으며, 그중 4가지 주요 우선순위는 '기후-중립적, 생태적, 공정한 그리고 사회적 유럽 climate-neutral, green, fair and social Europe'을 건설하는 것이었다. 이는 사회적 유럽의 재건을 완성할 뿐 아니라 근본적인 필요성이 있는 환경정책과도 결

---

* 유럽이사회는 유럽연합 회원국 정상들로 구성된 유럽연합 기관이다. 1958년 로마조약 Treaty of Rome을 비롯한 공동체설립조약들에는 회원국 정상들이 모이는 회담에 관한 조항이 없었다. 그렇지만 1960년대와 1970년대 초반 몇 차례 정상회담을 통해 회원국 정상들은 공동체의 주요 의제들을 다루었고, 마침내 1974년 파리정상회담에서 유럽이사회를 창설하여 모임을 제도화하기로 결정했다. 유럽이사회는 1987년 단일유럽의정서에서 최초로 조약에 명시되었고, 1993년 발효된 마스트리흐트조약에 와서야 그 역할이 비로소 규정되었다. 하지만 유럽이사회의 역할과 법적 지위는 여전히 모호하게 규정되어 있었다. 이러한 문제는 2007년 체결된 리스본조약 Treaty of Lisbon에 의해 해결되었는데, 유럽이사회의 역할과 법적 지위에 대한 토대가 마련되었다.

합되었다.

코로나바이러스 재난의 몇 안 되는 긍정적인 결과 중 하나는 이러한 변화를 더욱 진전시키는 것이었다. 유럽과 세계의 다른 국가들의 많은 경제가 황폐화된 지금 추세라면 유럽중앙은행European Central Bank, ECB의 원래 긴축 통화정책 규칙은 재앙이 될 것이라는 광범위한 합의가 널리 퍼져 있다. 가장 건강한 경제조차도 활력을 회복하기 위해 방대한 국가 지원뿐만 아니라 매우 높은 수준의 공공 부채에 대한 계획이 필요하다. 사실, 이것은 미래 세대에 큰 빚을 지게 될 일이지만, 우리가 지금 이러한 조치를 취하지 않으면 미래 자체가 암울해질 것이다.

사회정책의 직접적인 분야 외부에는 은행의 투기 활동을 제한하려는 보다 실질적인 움직임이 있다. 그러나 개혁은 충분히 진행되지 않고 있다. 은행 로비는 여전히 유럽연합 정책 결정자들 사이에서 너무 막강하다. 사회민주주의 정당과 그들의 진보적 동맹의 주요 과제는 자본주의 활동의 부정적인 결과로부터 소비자, 노동자, 일반 대중뿐만 아니라 환경과 기후를 보호하는 규제를 통해 자본주의를 개혁하는 프로그램을 훨씬 더 많이 취하는 것이다. 개별 국가가 기업의 자유를 침해할 경우 해외 투자를 상실하는 문제에 직면하기 때문에, 해야 할 일의 대부분은 개별 국가가 아닌, 유럽 차원에서의 조치를 필요로 한다.

그것이 쉬운 일은 아니다. 유럽연합 정책 결정자들이 신자유주의의 부적절성에 대한 교훈을 배웠다는 최근의 몇몇 징후에도 불구하고, 유럽위원회는 매우 최근에 '원 인, 원 아웃one in, one out', 즉 새로운 규정이 채택될 때마다 다른 규정은 취소되어야 한다는 원칙을 채택했다. 규제 우선순위의 위계질서를 확립하지 않는다면, 이런 원칙은 어처구니없는 원칙이 될 수밖에 없다. 그러니 이 원칙을 영리하게 시행시키려면 우선 두 가지 기준에 맞춰 기존 규정에 대한 평가를 내려야 한다. 즉, 어떤 규정이 실질적인 목적에 이바지하며 또 중요한 사회적 요구에 부합하는가? 이러한 질문을 통과한 규정이라면 조잡한 계산식 따위에 흔들리는 일은 없을 것이다.

신자유주의적 자본주의가 협력보다는 이기심에 뿌리를 두고 있다는 이유로 도전받는다면, 우리는 우선 시장이 공익public good을 위해 이기적인 목적을 개별적으로 추구해야 한다는 경제 이론의 핵심 주장을 다루어야 한다. 고전적인 경제 이론가들은, 그들을 옹호하는 오늘날 정치인들과 달리 공익의 존재를 부정하지 않았다. 오히려, 그들은 만약 자본가들이 거의 완벽한 경쟁이 이루어지는 시장에서 생산과 판매를 통해 목표를 추구해야 한다면, 그것은 소비자의 선호를 만족시키는 방식으로 이루어져야 한다고 주장했다. 실제로 많은 시장이 완벽하지 않다. 시장이 그 표준에서 멀리 벗어나자마자, 생산자들은 소비자의 이익을 충족시키기보다는 부분적으로 희생시키면서 자신들의 목표 달성을 시작할 수 있다. 게다가 인간의 모든 목표들은 결코 시장을 통해 달성될 수 없다. 만약 목표들이 시장으로부터 보호받지 못한다면, 시장은 이러한 다른 목표를 추구하는 데 피해를 줄 수 있다.

경제 이론은 원칙적으로 시장에 대한 공공 개입을 위한 네 가지 근거를 수용함으로써 이러한 결함을 인정하려고 한다. 이 중 두 가지—불완전한 경쟁 방지와 고객을 위한 부적절한 정보 방지—는 경쟁적인 경제 그 자체를 보호하기 위해 고안되었다. 다른 두 가지는 시장이 모든 인간의 요구를 충족할 수 없다는 것을 인정하는 것으로, 공공재 및 집단재(보건과 교육 등과 같은)와 부정적 외부효과들 등이 그것이다. 부정적 외부효과들은 상업 활동의 특정 부작용이 시장 거래 내에서 포착될 수 없는 경우에 존재한다. 기후 변화에 대한 인적 원인제공human contribution의 위협은 그것들의 중요성을 엄청나게 증가시켰다. 팬데믹은 우리 모두가 잠재적인 건강 위기에 대해 미리 잘 준비할 필요성을 인식하도록 하는 데 그와 유사한 일을 했다. 자유시장 그 자체는 개인 방호장비, 고가의 치료법과 기계 그리고 절대 일어나지 않을지도 모르는 위기를 위한 검사 장비에 대한 주요 지출을 정당화하지 않는다. 따라서 이러한 지출은 주주들에게 결코 이익을 되돌려주지 못한다. 바이러스에 대처하는 데 가장 어려움을 겪었던 영역들은 종종 민간 기업들이 [의료 서비스를] 제공한 영역들, 즉 스웨덴과 영국의 요양원, 일반적으로 롬바르디아와 미국의 대부분 지역의 의료 서비스 등이었다.

시장의 힘에 대한 공공개입의 다섯 번째 근거를 추가하는 강력한 사례가 있다. 바로 불평등 감소다. 경제학자들은 전통적으로 불평등을 기업가 정신에 대한 보상의 증거로 긍정적으로 인식한다. 하지만 국제경제기구들—주로 국제통화기금과 경제협력개발기구 등—은 최근 미국의 불평등 증대가 부정적인 경제적 효과를 주기 시작했다고 경고하고 있다. 부자들이 국민소득 증가의 큰 몫을 차지한다면, 나머지 국민, 특히 하위 40%는 경제를 대출borrowing에만 의존하면서 지출 증대를 분담하게 된다.[4]

소비를 위한 저소득층의 과도한 대출Heavy borrowing은 2007~8년 금융위기의 주요 원인이었다. 따라서 자본주의 경제들은 선택에 직면한다. 높은 불평등, 강력한 대량 소비, 금융 안정 중에서 오직 두 가지만을 선택할 수 있다. 사회민주주의자들에게는 답이 분명하다. 지속가능하지 않은 것은 높은 불평등이다. 그들이 다른 정당들과 연합을 형성하려면 이 선택을 받아들여야 한다.

팬데믹은 또한 불평등을 심화시켰고 오랜 기간 널리 퍼져 있는 불평등에 대한 우려를 증대시켰다. 저임금 노동자들은 고임금 노동자들보다 더 심한 타격을 받았는

---

4 J G Palma, 'How does Europe still manage to achieve a relatively low and fairly homogeneous level of inequality in spite of a broad diversity of fundamentals?', in R Sweeney and R Wilson eds, 2018, *Cherishing All Equally 2019: Inequality in Europe and Ireland*, Brussels: Foundation for European Progressive Studies and Dublin: TASC, 19-46.

데, 후자는 재택근무로 취업 상태를 이어갈 가능성이 더 높기 때문이다. 흔히 중간소득층과 저소득층에 속하는 제조업과 서비스 부문의 노동자들은, 일을 계속하지 못하기 때문에 소득을 잃었을 가능성이 더 높다. 돌봄 서비스와 쓰레기 수거 부문에서처럼 일하는 사람들은, 병에 걸릴 위험성이 더 크다. 저임금 노동자들, 특히 이민자들과 민족적 소수집단의 구성원들은 그로 인해 사망했을 가능성이 더 높다. 게다가 봉쇄 기간 동안 시민의 삶을 지속시키는 많은 서비스 노동자의 역할은 시장이 다양한 종류의 노동에 대해 보상하는 방식의 임시방편적인 성격에 주목하게 했다. 간호사들, 기타 돌봄 노동자들, 쓰레기 수거인들, 버스 및 배달 운전사들의 수입은 은행원과 그 외 고위 기업 임원에 비해 극도로 낮다. 그런데 봉쇄 기간 우리가 가장 필요로 했던 것은 누구의 노동인가? 신자유주의는 사람의 가치를 측정하는 유일한 척도가 그/그녀가 시장에서 벌 수 있는 정도라고 우리에게 가르쳤다. 이제는 많은 사람들이 이것을 잘못된 것으로 보고 있다. 이러한 정서가 지속되는 한—그리고 그리 오래 지속되지 않을 수도 있다—많은 유권자들은, 부분적으로 소득재분배에 기여하는, 더 높은 세금을 기꺼이 받아들일 것이다. 한편으로는 이러한 핵심 활동에 참여하는 많은 공공 서비스 노동자들에게 더 나은 보상을 제공하고, 다른 한편으로는 소득이 낮더라도 사람들이 좋은 것을 향유할 수 있도록 하는 무료 또는 정부보조 공공 서비스의 높은 기반을 제공하기 위한 세금을 말이다.

이러한 주제는 사회적 유럽의 추구를 복원하기 위한 정책에 대한 광범위한 합의의 기반을 제공한다. 우리는 이제 그것들의 타당성application을 좀 더 자세히 검토해야 한다.

3

사회적 유럽의 확대와 표준의 역할

"최종 제품의 품질이 아닌
공정 그 자체에 대한 표준이 필요하다."

환경 훼손과 기후 변화에 대한 투쟁, 세계화의 개혁, 금융화된 자본주의 규제, 물질적 불평등 감소, 경제 변화와 노동자의 안전에 대한 요구 조화 등 다섯 가지 핵심 분야의 문제를 해결하기 위해서는 사회적 유럽으로의 복귀가 시급하다. 마지막은 지금 코로나바이러스의 여파 속에서 정상적인 삶을 회복하는 것을 포함해야 한다. 이것들은 국가 및 유럽 차원 모두에 공통적인 정책 도구의 전체적인 모음panoply으로 다루어져야 한다. 그러나 유럽연합만이 예외적인 능력을 갖추고 있는 중요한 것이 있다. 표준 설정이다. 이 주제가 우선 다루어져야 한다.

표준은 보통 정치적 논쟁의 최전선에 있지 않으며 대개 기술적인 토론으로 밀려난다. 하지만 표준을 통해 과도한 시장 행위를 억제하는 데 필요한 많은 규제를 성취할 수 있다. 유럽연합은 상품과 서비스에 대한 국제 표준을 개발하는 데 있어 세계적인 선두주자가 되었다. 단일 시장에 대한 자체 규범을 수립하기 위해 이 역량이 필요하며, 유럽연합은 이러한 전문지식을 더 광범위한 국제무역 협정 차원으로 끌어올렸다. 유럽연합은 이 과정에서 국제무역의 필요성이 적고 일반적으로 내부 품질 표준이 더 느슨한 미국을 앞서나갔다. 유럽연합은 세계

최대 단일 시장이기 때문에, 유럽 바깥의 많은 생산자들이 어디에서 교역을 하든 유럽연합 제품 표준을 포함시킨다. 그 결과 유럽연합에는 유례없는 힘이 주어졌다. 유럽연합은 전 세계 국가들과 체결하는 무역 협정에서 향상된 표준을 도입하기 위해 세계 최고의 무역 블록이라는 위치를 활용할 수 있다.

그러므로 표준 설정은 사회적 유럽을 재건하는 데 있어 핵심적인 정치적 무대다. 표준은 기업들이 특정 시장에 판매하려는 경우 충족해야 하는 기준을 확립한다. 따라서 기업들은 규제에 대한 통상적인 반대—이는 기업들이 규제 조건이 가장 낮은 국가로 투자를 이전하도록 유도한다—에 취약하지 않다. 기업들은 특히 유럽연합처럼 큰 시장에 판매할 기회를 스스로 배제하지 않는다.

현재 유럽연합 표준들은 생산 공정에서 최종 제품 품질에 관한 것이 주류다. 유럽연합 표준들은 *공정들processes* 그 자체의 품질에 대해서는 거의 중시하지 않았다. 이 문제는 1980년대에 노동 환경의 품질을 표준에 포함시키려는 노동조합과 사회민주주의 정당에 의해 단일 유럽 시장에 대한 초기 토론에서 제기되었다. 그리고 이는 주로 낮은 가격에 대한 일반 소비자들의 이익보다 제한된 수의 산업에 종사하는 노동자들의 이익을 우선시 한다는 구실로 기업 로비와 보수주의 정당 및 자유주의 정당에 의해 무산되었다. 근시안적이었던 이런 결정은 되돌릴 필요가 있다. 공정 표준은 소비자만의 이익에 그치지 않고 훨씬 더 광범위한 일반적인 이익에 이바지할 수 있다. 이는 명확하다.

환경 훼손과 기후 변화에 대한 투쟁

부정적인 외부효과의 문제는 기후 변화, 생물 다양성의 급속한 감소 그리고 기타 형태의 주요 환경 훼손으로 진정 세계적 규모에 도달했다. 이 문제는 이제 모든 정치적 의제 중 최우선 순위에 놓여야 한다. 유럽 기관들은 자체적으로 탄소 배출과 기타 형태의 환경 훼손을 줄이기 위한 야심찬 목표들을 준비하고 있지만, 그것들은 매 단계마다 강력한 기업 로비와 경쟁하게 될 것이기 때문에 좌파-녹색 동맹의 강력한 정치적 지원이 필요하다. 기업의 압력에 대한 저항에 관해 유럽연합의 전적은 좋지 못한 편이다. 미국 정부는 기후 변화에 대한 증거를 무시함으로써 표면상 더 '기업 친화적인' 환경을 계속 제공할 것 같고, 영국은 유럽연합 바깥에서 자신의 지위를 이용하겠다며 위협하고 있지만 실제로는 환경적 규제와 사회적 규제를 약화시켜 경쟁적인 도전을 제기하기 위해 안도 밖도 아닌 문간에 서 있다. 유럽의 야망을 현실로 바꾸기 위해서는 강인한 정신력과 적지 않은 대중 캠페인이 필요하다.

과거 환경정책은 사회민주주의 계열 정당과 녹색당의 협력에 장애물이었다. 전자는 오염 산업에 종사하는 노동자들과 저소득층 소비자들의 이익을 우선시했는데, 그들은 자신들이 구매하는 상품이 더 강력한 표준을 충족해야 할 경우 더 높은 가격에 직면하게 된다. 녹색당은 물론 환경을 우선시해왔다. 하지만 이 딜레마의 중요성은 줄어들고 있다. '녹색 Green' 기술들은 환경을 보호하고 자원을 더 효율적으로 사용하는 상품 생산을 위한 새로운 기회를 열어주고 있다.[1]

우리가 다양한 종류의 에너지를 낭비하는 소비를 줄여야 한다는 것은 사실이지만, 녹색 정치가 경제성장의 적으로 여겨졌던 시대는 두 가지 측면에서 지나갔다. 첫

---

1 다음을 참조하라. Eurofound, 2019, *The Future of Manufacturing in Europe and Energy Scenario: Employment Implications of the Paris Climate Change Agreement*, Dublin: European Foundation.

째, 저탄소 또는 탄소 중립 에너지원이 더 많이 개발될수록, 선진 세계에서 우리가 삶의 방식에 필요한 변화는 줄어들고, 개발도상국 사람들이 그러한 삶의 방식으로 우리와 합류하려고 할 때 직면하게 될 장애물은 줄어든다. 예를 들어, 전기 자동차의 개선은 곧 내연 기관에 대한 우리의 의존도를 감소시킬 것이고, 환경친화적인 유류세가 자동차에 크게 의존하는 시골과 소도시 주민들 사이에서 *노란 조끼 운동* *gilets jaunes** 이라는 반발을 초래했을 때 프랑스 정부가 직면했던 것과 같은 딜레마를 없앨 것이다.

둘째, 고품질의 에너지 효율적인 제품의 설계 및 제조는 높은 수준의 기술과 기반시설을 요구하는 고부가가

---

* 노란 조끼 운동은 프랑스 정부의 유류세 인상 철회로부터 출발했다. 마크롱 정부는 2018년 환경오염 방지 대책의 하나로 경유 유류세를 23%, 휘발유 유류세를 15% 인상했다. 노란 조끼는 차량에 의무적으로 비치되어 있던 노란색 형광 조끼를 시위대가 입고 나오면서 붙여진 이름이다. 마크롱 프랑스 대통령은 유류세 인상이 환경을 위한 것이었다고 설명했지만 시위대를 설득할 수 없었다. 도시 외곽에 사는 이들은 자동차를 이용한 출퇴근 등이 필수적인 것만큼 유류세 인상에 민감하게 반응했다. 유류세는 대표적인 역진세로 세금을 높인다고 해서 소비를 줄이기 힘들기 때문에 소득 수준이 낮을수록 조세 부담이 증대된다. 하지만 유류세 인상은 분노가 촉발된 계기일 뿐이다. 부유세 인하와 긴축정책 등 마크롱 정부의 친기업 정책이 초래한 빈곤과 불평등으로 누적된 불만이 노란 조끼 운동의 진정한 원인으로 보는 것이 더 적절하다.

치 활동이다. 이는 유럽 제조업의 미래이다. 보다 높은 제품 표준을 주도하는 세계 각지의 생산자들에게는 그러한 표준을 충족하는 고부가가치 제품을 개발할 강력한 동기가 있다. 보다 높은 표준이 세계의 다른 지역으로 확산됨에 따라, 이러한 기업들은 선점우위a first-move advantage를 유지한다. 덴마크가 야심 찬 탄소 배출 목표를 채택한 후, 풍력 발전 기술에서 덴마크 생산자들의 역할이 중요해진 것이 그 예다.

유럽은 녹색 기술에서 선두를 차지할 만한 좋은 위치에 있다. 미국, 러시아, 브라질, 호주 그리고 그 외 몇몇 국가들이 현재 기후와 환경에 대한 우려를 배제하고 있다는 것을 고려할 때 그러하다. 머지않아 이러한 기술들을 위한 제조용품들이 시장에서 투자 이익을 얻을 것이지만, 우선 시장을 창출하기 위해서는 공공 조치가 필요하다. 좋은 환경good environment은 시장 자체가 만들어낼 수 없는 공공재 중 하나다. 따라서 유럽연합의 강력한 연구개발 자금을 환경친화적인 기술로 확대하는 것이 필수적이다.

동시에 새로운 생산 형태에 대한 조정은 중대한 변화에 직면한 산업에서 노동자들의 안전을 위협한다. 최근

수잔 위스포스Susanne Wixforth와 라이너 호프만Reiner Hoffmann(각각 유럽과 국제부서의 책임자 및 독일노동조합연맹 *Deutsche Gewerkschaftsbund* 의장이다)이 주장했듯이[2], 이러한 노동자들을 지원하기 위한 강력한 사회정책이 환경정책의 일부가 되어야 한다. 따라서 그들은 새로운 전략적 의제에서 이러한 문제들을 결합한 유럽이사회European Council를 지지한다. 유럽노동조합연구소European Trade Union Institute가 제안한 바와 같이, 새로운 활동으로의 전환을 통해 석탄과 차량 생산에 의존하는 지역의 주민을 지원하기 위한 특별 조치가 필요하다.[3]

이산화탄소와 기타 오염물질의 배출을 감축했다는 서구 국가들의 주장에는 상당한 위선이 있다. 이들은 특정 종류의 상품 생산을 중단하는 대신 그만큼 세계 각지로부터 수입했기 때문이다. 수출하는 지역에서는 여전히 오염이 지속된다. 그것도 더 나쁜 조건에서다. 오염의 세계적인 영향을 고려할 때, 이는 아무것도 성취하지 못

---

2 S Wixforth and R Hoffmann, 2019, 'Thinking climate and social policies as one', *Social Europe*, 17 September.

3 B Galgóczi ed, 2019, *Towards a Just Transition: Coal, Cars and the World of Work*, Brussels: European Trade Union Institute.

한 셈이다. 유럽 표준이 단일 시장 내부와 세계 무역 모두에서 제품 자체 품질에 생산 공정의 품질을 추가해야 하는 대표적인 예시다. 가능한 최저 가격에 대한 소비자의 관심보다는 멸종 위기에 직면한 행성에서 사는 것을 피하려는 인간의 공통된 관심이 훨씬 더 일반적이다. 유럽연합에 들어오는 상품이 특정 종류의 배출을 피하는 방법으로 생산되도록 하기 위해서는 표준이 필요하다.

팬데믹 이후 경제와 사회의 재건은 환경정책을 둘러싼 긴장을 더욱 고조시킨다. 한편으로는 유럽과 그 너머에는 수익성 있는 활동을 회복해야 한다는 절박한 필요성이 있기 때문에, 회복 과정을 늦출 수도 있는 표준 충족에 대한 모든 관심을 버려야 한다고 주장하는 사람이 있다. 그들은 노동 표준, 계획 표준, 그리고 품질을 높이려는 거의 모든 것에 대해 같은 말을 하고 있다. 다른 한편 그렇게 많은 기업과 일자리들이 사라지면서 남은 공백은 녹색경제에 필요한 활동의 전환에 엄청난 기회를 제공한다. 많은 산업들이 수익성을 회복하기 위해 정부 및 유럽연합의 지원을 필요로 하며, 그 지원은 환경적 전환의 채택 정도에 따라 주어져야 한다. 가장 거대하고 분명한 예는 저에너지 항공 여행에 더 큰 노력을 기울이도록 항공사와 항공기 산업을 설득할 필요가 있다는 것이다. 장기적으로 이득을 가져다주므로, 이러한 견해가 우세한 것은 당연하다. '어떤 대가를 치르더라도 즉각적인 수익성immediate profitability at all costs'을 취한다는 반표준 접근법은 오직 단기적인 이익만을 추구한 대가로 훼손된 행성과 갖가지 표준 악화의 유산만을 남길 것이다.

세계화의 개혁

세계화는, 만약 규제만 이루어진다면, 전 세계 번영의 지속적 성장을 위해 필수적이다. 개발도상국들은 선진국에 더 많은 상품을 판매하는 데 성공함에 따라 국민소득이 증가하고, 결과적으로는 다시 우리로부터 더 많은 상품과 서비스를 구매한다. 우리의 성장은 시장 범위의 확대에 달려 있지, 우리가 우리의 작은 공간에서 계속 생산하고 판매할 수 있도록 세계 다른 국가들과의 무역을 제한하는 보호주의적인 조치에 달려 있지 않다.

보호주의는 이기적일—세계의 가난한 국가들이 우리와의 교역을 통해 그들의 운명lot을 개선할 기회에서 제외되도록 노력하는 것—뿐만 아니라 국가 경제가 극소수의 기업들만을 지원할 수 있는 분야에서 외부 경쟁으로부터 그들을 보호하고 소비자의 의존도를 증가시킴으로써 국가 자본주의 생산자들의 힘을 강화시킨다. 부유층은 항상 국제 시장에 대한 접근을 확보하는 방법을 찾는다. 경제 보호주의에서 소비자에 대한 제약으로 고통을 받는 것은 노동자들이다.

하지만 최근 몇 년 동안 우리가 경험한 사실상 탈규제적 세계화는 선진국과 개발도상국 모두에서 사회를 손상시켰다. 신흥공업국의 방대한 노동 자원은 매우 낮은 임금과 끔찍한 노동 및 환경 조건을 제공함으로써 기업이 제품 가격을 낮게 유지할 수 있도록 했다. 세계 각지에서 민주주의와 강한 시민 사회의 전반적인 부족은 이러한 상황에 대한 저항을 방해했다. 이는 모든 곳의 노동자들에게 이중으로 부정적인 영향을 끼쳤다. 그 악영향은 개발도상국의 노동자에게는 열악한 노동 및 생활 조건으로, 가격 우위 경쟁을 펼칠 수 없는 이미 산업화된 지역의 생산자에게는 두서없고 급격한 변화로 나타났다.

신고전파 경제학자들에게 이러한 부정적 외부효과는 '마찰 friction'이다. 즉 시장이 조정됨에 따라 해결되고, 제한적인 사회정책 조치들로 완화될 수 있는 과도기적 문제다. 하지만 과도기가 장기화되고 복잡해지면서 충격이 가해질 때, 이차적인 사회적 결과들은 오래 지속되어 마찰을 넘어서게 된다. 여기에는 실업수당과 재직업훈련 프로그램을 통해 쉽게 해결할 수 없는 외국인 혐오증 증가가 포함된다.

먼저 세계화 과정을 늦추고, 둘째로, 탈규제적 세계화가 초래한 현재 예측 가능한 붕괴에 대한 현명한 대응intelligent responses을 개발함으로써 지금 추가적인 피해를 막는 조치를 취할 필요가 있다. 이 조치는 주로 표준 설정 작업으로서, 유럽연합의 주도적 역할을 생산 공정으로 확장해야 하는 또 다른 주요 분야를 구성한다. 하지만 더 광범위한 국제적 조치도 있어야 한다.

오늘날 국가들은 기업에 대한 국가 보조금 철폐와 같은 특정 무역 표준을 충족한다면 세계무역기구World Trade Organisation, WTO 체제에 가입하여 점점 더 무관세 무역을 향유할 수 있다. 이러한 규칙들이 국제노동기구International Labour Organisation, ILO의 협약을 포함하도록 확장되어야 한다. 네 가지 주제 각각에 두 가지씩 여덟 개의 주요 협약들이 있는데, 그것은 (노동조합 가입과 같은) 결사의 자유, 강제 노동 금지, 민족과 기타 소수집단 차별에 대한 동종의 금지 그리고 아동 노동 금지 등이다.

노동조합 권리에 대한 공식적인 보장만이 아니라 실질적인 보장은 노동자들이 안전하고 건강한 노동 조건과 합리적인 노동 시간을 요구하는 데 큰 도움이 된다. 국제노동기구 협약을 실질적으로 준수하지 않는 것은 자유 무역 규칙을 준수하지 않는 것만큼이나 세계무역기구의 관세 체제에 참여하는 국가에 심각한 장벽이 되어야 한다. 그러한 규칙들의 도입에는 충분한 권한이 있고 많은 직원을 거느린 국제 사찰 체제와 검증 재판소가 수반되어야 한다. 세계무역기구의 제한된 의제조차도 광범위하게 회피되고 있는데, 이는 항소 절차에 재판관 지명을 거부함으로써 기구의 사법 능력을 약화시킨 미국 정부의 최근 결정으로 악화되었다.

노동 표준을 수용하기 위해 세계무역기구 규칙을 확장하는 것은 보호주의 정책에 해당하지 않는다. 어떤 국가든 표준에만 도달하면 세계무역기구 규칙들에 의해 가능해진 자유 무역을 할 자격이 자동으로 부여되기 때문이다. 이러한 조치들은 세계화의 속도를 늦출 것이고, 그에 따라 틀림없이 선진국과 개발도상국 모두에서 소비자들의 생활수준 향상을 늦출 것이다. 그러나 이것은 노동 표준을 유지하고, 환경을 보호하며, 변화의 급격한 파괴적인 결과를 회피하기 위해 지불해야 할 불가피한 대가다. 결국 속도가 둔화되는 과정이 발생한다. 그러나 탈규제적 시장이 지속되도록 허용함으로써 발생한 피해는 되돌릴 수 없다. 유럽연합은 세계무역기구에 이러한 변화를 압박하기 위해 경제적 영향력을 사용해야 한다.

선진국에서 세계화는 일자리 상실의 유일한 원인이 아니었다. 이는 주로 자동화와 로봇화의 결과였으며, 산업 활동의 노동 생산성이 서비스 활동의 노동 생산성보다 더 빠르게 진보함에 따라 산업 활동에서 서비스 활동으로 고용이 전환된 결과였다. 그중 상당수는 인간 직원human staff의 존재에 대한 효율성에 의존한다. 이러한 변화의 파괴적인 영향은 세계화의 영향과 함께 부분적으로 지리적인데, 첨단 신규 제조업뿐만 아니라 가장 역동적인 새로운 서비스 활동은 산업사회의 것과는 다른 지리적 요구조건을 가지고 있기 때문이다. 거기에 속한 기업들은 종종 혁신에 필수적인 암묵적인 지식 흐름을 이용하기 위해 군집화cluster를 선호한다. 또한 이 기업들은 양질의 자연적이고 건설적인 환경을 갖춘 매력적인 도시들, 수도들 그리고 기타 장소들에 위치함으로써 직원을 유치한다.

이전의 제조업 및 광업 소도시들은 성공적인 도시들에서의 새로운 경제에 젊고 더 나은 교육을 받은 사람들을 뺏기면서 심각한 인구 감소를 겪는다. 이러한 과정의 유산은 과도기적 마찰보다 훨씬 더 멀리 나아간다. 도시와 지역 전체가 뒤처지고, 남은 주민들은 미래에 대한 희망 없이 살아가면서 극심한 분노에 빠져든다. 한편 번영하고 번창하는 도시들 자체는 인구과밀이 되어 생활에 필요한 비용이 늘어난다. 경제학자들은 결국 이러한 비용 증가가 그러한 도시들의 감소와 새로운 장소로의 기업 이동으로 이어져서 모든 것을 균형 있게 만들 것이라고 주장한다. 그러나 이러한 과정에 매우 오랜 시간이 걸릴 수 있는데, 특히 혁신적인 기업들이 군집화를 선호하며, 정부가 새로운 기업을 발전시키기보다는 기존의 강점을 강화하는 데 관심을 기울이면서 문제를 더 악화시키는 경향을 고려하면 더욱 그렇다.

이러한 과정은 개별 국가뿐만 아니라 유럽 전체에서 작동하고 있다. 유럽 대륙의 남쪽과 동쪽의 많은 지역이 거대한 뒤처진 지역이 되어 가고 있으며 유럽연합 자체에 대한 분노를 불러일으킬 위험이 있다. 유럽적 및 국가적 영토 경제정책은 기업들을 대학, 기타 연구 센터, 지방 및 지역 정부와 연계하여 필요한 물리적·인적 기반시설을 개발하는 북유럽의 지역 혁신 네트워크 아이디어를 기반으로 광범위한 영토 내에서 역동성을 육성하는 방법을 찾아야 한다. 생산 공정 자체와 직접 관련이 없는 지역적·물리적 환경 개선조차도 양질의 고용 유치에 효과적일 수 있다. 공공재 및 기타 집단재에 대해 주의를 요구하는 이러한 정책은 경제사상의 신자유주의적 독점으로부터 나오지 않으며, 물리적 환경뿐만 아니라 경제적·사회적 환경의 질을 높이기 위해 필사적으로 지출해야 하는 정부에 긴축을 부과한 결과도 아니다.

선진국의 제조업에서 노동이 세계화와 로봇화의 복합적인 효과로 인해 약화됨에 따라, 사람들은 점점 더 개인 서비스에서 기회를 찾았고, 서비스 제공자와 고객 사이의 개인적인 연결을 포함한 노동이 확실히 그러한 힘들에 의해 덜 위협받고 있다는 것을 발견했다. 코로나바이러스가 우리에게 부여한 가장 불친절한 감소 중 하나는, 사회적 거리두기의 필요성에 의해 가장 위협받는 것이 바로 그러한 개인적인 연결 활동이라는 사실이다. 한

가지 해결책은 제조업으로의 전환이다. 이는 파멸적인 보호무역주의가 아니라 녹색경제가 필요로 하는 생산적 산업들을 장려하는 정부들에 의해 달성된다. 또 다른 해결책은 노인과 기타 취약계층 사이에서 바이러스 확산의 주요 요인이었던 열악한 품질과 불충분한 인력에 대한 공적 지원으로 돌봄 서비스에서 양질의 고용을 강화하는 것이다.

더 나아가, 개인 서비스 부문의 기업들이 발견한 별로 환영받지 못하는 해결책은 코로나바이러스가 강타하기 훨씬 전에 이미 상당히 진행된 추세를 더 악화시키고 있다. 즉 쉬운 고용 및 해고와 가짜 자영업false self-employment*을 통한 유연 노동시장의 활용이 그것이다. 이를 통

---

* 자영업자는 ① 자신의 노동력을 고용주에게 판매하지 않으며, ② 자기 소유의 사업체를 운영하면서 사업 운영에 대한 기업가적 위험을 부담하여 자신의 소득이 결정되며, ③ 노동 시간, 노동 내용 그리고 노동 장소를 자신이 자유롭게 선택하거나 변경할 수 있다. 그런데 가짜 자영업자는 법적으로 자기 소유의 사업체를 운영하면서 기업가적 위험을 감수하지만, 그들의 소득은 단 한 명의 고객에 크게 의존하게 된다. 다시 말해 가짜 자영업자는 자신과 계약한 기업의 권한에 종속되어 노동 활동을 수행한다. 따라서 가짜 자영업자는 노동 시간, 노동 내용 및 장소를 자신이 자유롭게 선택하거나 변경할 수 없고 계약자와의 계약관계에 의해 종속된다. 가짜 자영업자의 가장 대표적인 사례는 플랫폼platform 노동자다. 플랫폼 노동자 대부분은 노동 시간, 노동 내용 및 장소를 자신이 자유롭게 선택하거나 변경하지 못하는 종속 노동을 하는 가짜 자영업자다.

해 식당업이나 미용업과 같은 활동들은 단숨에 고객 수가 줄어들고 질병이 주기적으로 재발함에 따라 때때로 통제가 강화되어도 바이러스 유행 이후에 조심스럽게 확장을 시도할 수 있다. 기업들은 고정 노동 비용을 줄일 수 있다. 그러한 부문의 노동자들 사이에서의 극심한 불안정을 감수하면서 말이다. 이러한 불안정에 대처하기 위한 조치는 아래에서 논의될 것이다.

금융화된 자본주의 규제

세계화에서 중심이 되는 것은 탈규제적 금융 자본주의의 역할이었다. 그 파괴적 효과는 기업의 '주주 가치 shareholder value' 모델에 의해 더욱 악화되었다. 영미식 모델 하에서—이는 기업에서 다양한 이해당사자들을 인정한 다른 많은 모델들을 이겼다—기업에서 법적으로 인정된 유일한 이익은 주주들의 이익이다. 이론적으로 기업들은 고객을 만족시켜야 주주들의 이익을 극대화할 수 있다. 왜냐하면 불만족스러운 고객을 가진 기업은 시장 점유율을 잃게 되기 때문이다. 그러나 이것은 완벽한 경쟁에 근접한 조건에서만 작동한다. 경쟁이 제한적인 경우—경쟁자가 너무 적거나, 고객이 공급자를 바꾸기 어렵거나 또는 고객이 제품 품질에 대한 지식을 쉽게 습득할 수 없을 경우—주주와 고객의 이익 간의 동일시 identity는 실패한다.

설상가상으로, 금융화된 경제에서 주주 가치는 제품 판매로 인한 수익이 아니라 실제 제품 판매와 거의 관계가 없는 미래 수익에 대한 시장 기대에 따라 결정되며, 따라서 소비자를 만족시킬 필요성에서 더 멀어진다. 예를 들어 많은 인터넷 기반 기업들은 단일 제품을 판매하기 전에 매우 큰 주식 시장 평가를 경험하는데, 그 평가는 투기적인 미래의 기대치에 기반하고 있다. 고위 경영자들은 이러한 수단을 통해 주주 가치의 상당한 증대를 도출해야 한다는 지속적인 압력을 받고 있다. 그렇지 않으면 그들은 기업 인수로 쫓겨날 것이다. 소비자에게 품질을 제공하라는 압력이 똑같이 강력하지 않는 한, 소비자 이익은 주주들의 이익을 결코 이기지 못할 것이다. 이것은 거대 기업들이 특히 초기 판매 이후 고객들에게 제공하는 터무니없는 서비스 품질의 상당 부분을 설명한다.

소비자 이익의 향상은 이미 유럽연합 표준 설정에 확립되어 있으며 최근 인터넷 대기업들이 제시한 몇 가지 문제들에 대해 효과를 나타내기 시작했다. 하지만 여기에서 더 나아가야 한다. 이 분야의 정책 결정은 기업 로비에 너무 자주 취약하여 권리가 거의 쓸모없는 최소치까지 축소되었다. 예를 들어 매우 최소한의 권리만 제공하는 유럽항공승객권리규정European Air Passenger Rights Regulation*과 부실하기 짝이 없는 유럽연합 식품성분표시규칙EU food-ingredient labelling rules**이 있다. 그나마 그 내용을 적은 설명서도 업계의 선호에 따라 깨알 같은 활자로 적혀 읽어보기조차 힘들다. 소비자를 위한 표준들은—표준들이 강력하고, 유의미하고, 널리 알려지고, 그리고 유럽연합과 관련이 있다면—일반 시민들에게 유럽연합이 주는 혜택을 간단명료하게 이해할 수 있게 해

---

* 유럽항공승객권리규정은 항공승객의 권리와 항공사의 의무를 규정한 것이다. 항공편이 취소되거나 장시간 지연된 경우 또는 예약이 확약된 항공편에 탑승을 거부당한 경우 승객은 2005년 2월 17일부터 시행된 EU regulation 261/2004에 의거하여 보상 청구 등의 권리를 행사할 수 있다.

** 유럽연합은 유럽 시민들에게 식품의 내용품과 구성요소에 대한 포괄적인 정보를 제공하기 위해 식품표시에 관한 통합적인 규칙을 만들었다. 이는 EU Regulation No 1169/2011을 기반으로 한다. 이 규정은 유럽연합 내에서 유통되는 식품의 성분표시를 단순 명료화하여 소비자들에게 제품에 대한 정확한 정보를 전달하여 안전한 식품을 선택할 수 있도록 하는 데 그 목적이 있다. 성분표시에는 유통기한, 보관방법, 원재료 목록과 함량, 원재료의 원산지, 영양성분 목록과 함량 등이 포함되어야 한다.

주는 영역이다.

은행 규제Banking regulation는 사회적 유럽 정책들을 넘어서는 문제들을 제기하지만, 사회정책의 주요 과제는 파괴적인 변화의 결과로부터 사람들을 보호하는 것이다. 여기에는 금융 주도 자본주의의 주요 부정적 외부효과인 금융 기관의 높은 위험 감수로 인한 피해로부터 일반 공기업 및 비금융 기업을 보호하는 것이 포함된다. 2008년 이후 배운 바와 같이, 이러한 위험 감수가 위기 지점에 도달했을 때, 공공정책은 은행들의 붕괴가 전 세계적인 재앙을 의미했기 때문에 은행들을 지원하기 위해 움직였다.

은행들을 구제해야 하는 부담은 보통 사람들 및 기업들에 떨어졌다. 이를 알면서도 은행들은 미래의 위기를 피할 동기가 거의 없다는 점에서, 지금 엄청난 도덕적 해이moral hazard가 있다. 높은 위험을 감수하면 은행은 몇 년 동안 높은 이익을 얻을 수 있고 뒤따르는 위기로부터도 보호받는다. 만약 경제 전반에 대한 중요성이라는 점에서 금융 부문이 특별한 보호를 받아야만 한다면, 이때 그 보호 활동은 집단재의 요소를 포함한다. 즉, 민간에만 보호조치를 맡겨서는 안 되며, 규제 역시 필요하다.

이러한 방향에서 중요한 조치는 금융-거래세 financial-transactions tax에 대한 유럽연합의 제안이었다. 이는 대규모 고속 거래 high-speed transactions에 대한 투자자들의 동기 incentive를 감소시킬 뿐만 아니라 사회정책과 공공 프로젝트에 대한 자금 조달에도 이바지할 것이다. 좌파는 유럽연합 전역에서 그러한 세금 도입에 대한 합의를 확보하기 위해 노력해야 한다. 금융 활동의 거점으로서 유럽의 매력이 약화될 것이라는 우려가 있다. 따라서 유사한 제도들을 도입하려는 국가들과 지역무역기구들에 유리한 무역 협정을 제공하는 것이 중요하다. 이는 표준에 대한 유럽연합 지도력을 다시 활용하는 것이다.

물질적 불평등 감소

현재 유럽연합과 많은 회원국 사회정책의 주요 관심사는 '사회적 배제'의 방지다. 배제 감소를 위한 조치는—젠더, 민족성, 그리고 가장 최근에는 성적 지향과 정체성을 기반으로 하는—다양한 형태의 차별을 해결하려는 시도에서부터 소득 분배의 하위 10% 내지 20%가 다른 모든 사람들보다 더 뒤처지는 것을 막기 위한 평등주의적 전략에 이르기까지 다양하다. 전자는 경제 이론에서 정당화될 수 없는 장벽을 줄이기 위한 정책으로서 사회민주주의자들뿐 아니라 신자유주의자들에 의해서도 지지되었기 때문에 더 두드러졌다. 경제적 불평등을 줄이기 위한 정책들은 보통 과세를 통해 자금을 조달하는 공공 지출을 요구하는데, 신자유주의자들은 이를 지지하지 않는다.

역대 영국 정부의 고용 정책 변화에 관한 연구에서, 데이비스Davies와 프리드랜드Freedland[4]는 노동시장 탈규제를 향한 강력한 전반적인 경향에서 예외적인 한 영역, 즉 여성, 민족적 소수집단 그리고 장애인에 대한 권리 향상 등을 설명했다. 그들이 파악한 핵심 동기는 그와 같은 권리 제공이 아니라 노동시장 진입 장벽을 제거함으로써 불평등을 줄이는 신자유주의적 동기였다. 1990년대와 2000년대 신자유주의와 사회민주주의자들 사이의 새로운 합의는 구제가 필요한 불평등의 의미가 경제적인 것에서 문화적인 것으로 전환했다는 것을 의미했다.

오늘날에는 새로운 요인이 있다. 이전의 전환shift은

4 P Davies and M Freedland, 2007, *Towards a Flexible Labour Market*, Oxford: Oxford University Press.

최근의 변화로 인해 '뒤처졌다 left behind'라고 주장하는 일부 사람들의 불만 사항 가운데 일부분을 형성한다. 이들은 파괴적인 경제 변화 과정의 희생자들과 생활수준이 점차 떨어지고 있는 하위 20%의 중첩된 집단이다. 특히 외국인 혐오 정당 및 운동의 수사학에서 '뒤처졌다'라고 주장하는 것은 차별 반대와 평등권 입법의 주요 대상이었던 민족과 젠더 범주에 포함되지 않음으로써 무시되거나, 또는 심지어 차별을 받는 것을 의미할 수도 있다.

특히 역사적으로 한 나라의 지배적인 민족성에 속한 고령의 남성 노동자들은 그들을 고용했던 산업들이 사라지고, 도시의 삶의 질이 악화되고, 생활수준이 저하되는 동안 아무도 돌봄을 받거나 또는 심지어 관심을 받지도 못했다고 불평할 수 있다. 안정적이고 유복한 직장생활을 계속 누리는 사람들조차도 이전에 사회적으로 배제되었던 사람들의 여건을 개선하기 위한 조치가 그들의 입지를 위협할까 봐 두려워할 수 있다.

거의 모든 유럽과 기타 선진 사회들은 이러한 현상에서 비롯된 심각한 분노 표출과 우발적인 폭력 행위를 경험하고 있다. 추악한 제로섬 갈등이 다가오고 있다. 우리는 여성들과 다양한 소수집단들에 관한 관심이 감소하거나 심지어 반전시키는 정책 반발 policy backlash을 볼 수 있으며, 이는 그들 지위의 새로운 악화를 초래할 것이다. 외국인 혐오적이고 사회적으로 보수적인 정부들이 이러한 반발을 주도할 경우, 이들은 실제로 남성 이전 산업노동자 계급 male ex-industrial working class의 경제적 쇠퇴를 반전시키는 데 거의 아무런 도움이 되지 않는다. 왜냐하면 이들 정부는 보통 불평등을 줄이는 데 관심이 없는 신자유주의적 경제 의제를 따르기 때문이다. 이들이 '뒤처진' 사람에게 제공하는 모든 것은 배제 문제가 최근에 공인된 집단에 대한 분노와 혐오를 표출하기 위한 면허뿐이다. 그러한 면허를 부여하는 것에는 아무런 비용이 들지 않으며, 따라서 그것에 자금을 조달하기 위한 과세는 필요하지 않다.

보통 매우 부유한 사람들이 이런 종류의 캠페인 뒤에서 발견된다는 것은 놀라운 일이 아니다. 그들이 제시하는 유일한 비용은 분노에 대한 장려가 너무 지나칠 경우 폭력의 위험이다. 그 시점에서 일부 외국인 혐오 정부들은 그들의 장려를 지속하여 진정한 파시스트가 된다. 다른 정부들은 겁에 질려 그들이 풀어 놓은 괴물을 억제하려고 노력한다.

폭넓게 정의된 좌파의 경우, 차별 반대 문제들에 지속적으로 주목해야 한다. 그러한 좌파의 미래에서 여성들이 주도적인 역할을 수행할 가능성이 있다는 점을 고려할 때, 여성들의 관심사concerns는 여전히 중요하다. 오늘날 많은 국가에서 저임금 노동력의 상당 부분은 이민자와 그 후손뿐만 아니라 여성으로 구성되어 있다. 이것이 일부 정치적 입장의 사람들이 토박이 남성 노동자 계급을 그들의 관심사로 지정하는 이유 중 하나다. 좌파의 어떤 정당도 그들의 문제를 도외시할 수 없다.

하지만 이 모든 혜택을 못 받는 집단들 사이의 거짓false 갈등을 부추기는 데 성공하지 못하도록 하는 권리가 가장 중요하다. 물질적 불평등의 문제들은 다른 형태들과 우선순위를 공유해야 할 뿐만 아니라 그것들과 중첩되는 것으로 보아야 한다. 소위 백인 남성 노동자 계급은 대부분의 여성 및 이민자들과 함께 부와 소득의 재분배 그리고 보호적인 사회정책에서 이익을 공유한다.

제3의 길 정치인들이 믿었던 것처럼, 새로운 첨단 기술, 주로 포스트-산업경제는 결코 물질적 불평등들에 대응할 필요성을 배제하지 않았다. 오히려 이것들은 새로운 중요성을 획득했다. 이에 대한 일부 지리적 측면은 이미 위에서 논의된 바 있으며, 저임금 노동자들이 봉쇄 기간 필수 서비스들vital services을 유지하다가 때로는 그 결과로 죽음에 이르기도 했던 경우도 있었다. 그러므로 현재 불평등의 폐해에 대한 인식이 강화되고 있다. 그래도 이 순간은 지나갈 것이고, 우리는 신자유주의가 설교하는 보다 이기적인 사회로 돌아갈 것이다. 그러므로 좌파 및 중도 정치 세력들은 지금 이 순간을 포착할 필요가 있다.

또한 점점 더 분명해지는 것은 인터넷 네트워크 및 플랫폼 경제에 의해 생산되는 불완전한 경쟁과 완전한 독점이다. 이는 소수 엘리트에게는 막대한 부를, 거기에 종사하는 핵심 인력에게는 높은 수입을 창출해내고 있다. 심지어 불평등이 노동시장에서 증가하고 있는 바로 그 시기에 조세정책은 이를 감소시키기보다는 악화시켰다. 경제개발협력기구OECD의 연구에 따르면,[5] 거의 모든 국가에서 부유층에 부과되는 법인세와 양도소득세capital-gains taxes의 비율이 감소했고, 이는 소득, 부가가

---

5 OECD, 2011, *Divided We Stand: Why Inequality Keeps Rising*, Paris: OECD.

치세 그리고 기타 세금의 증가에 반대하면서 주로 부유층에게 유리한 조세 회피 조치의 증가와 결합되었다. 매우 부유한 사람들은 자신들의 소득을 대다수 소득자들이 이용할 수 없는 장치인 양도 소득으로 재정립할 수 있다. 양도 소득이 정상 소득보다 훨씬 가볍게 과세되면, 조세제도는 퇴보하게 된다.

이는 정부들이 기업과 세계적 슈퍼리치들을 자국으로 유치하기 위해 서로 경쟁하는 동안 바닥을 향한 재정 경주를 벌이면서 발생했다. 그러한 경주는 영국이 유럽연합 밖에서 추구하고자 하는 것에 상응하는 탈규제 경주와 마찬가지로 헛된 것이다. 모든 참가자들이 경주에 참여함에 따라 법인 세율이나 제품, 환경 및 노동 표준 등에서 하향 곡선이 나타나고 있으며, 결국 기업 부자들을 제외한 모든 사람들이 패배했다.

실제 활동 장소와 아무런 관련이 없는 방식으로 인터넷을 활용하여 재정 기반을 찾는 기업의 능력은 이 과정을 악화시키고 있다. 이는 애플, 페이스북, 구글과 같은 인터넷 대기업들의 재정 전략과 아마존과 같은 플랫폼 기반 회사들에서도 분명히 볼 수 있다. 이들은 실제로 사업을 하는 장소에 기반하여 다양한 소득세와 재산세를 내는 통상적인 기업들normal firms과 대조를 이루는 완전한 특권의 위치에서 경쟁한다.

특정 종류의 부유한 개인들과 기업들에 대한 이러한 과세 편향의 증대를 역전하는 것이 필수적이다. 그것은 경제를 왜곡할 뿐만 아니라 사회적 불의social injustice를 초래한다. 오직 과세 최소화를 위해 선택한 명목상의 본사에서 영업장소로 조세 기반을 변경하자는 2019년 10월 경제개발협력기구의 제안은 잠재력이 풍부하다. 유럽연합은 이를 적극적으로 수용하고 자신의 무역 협정에 포함하기 위해 표준 설정 권력standard-setting power을 활용해야 한다.

노동자의 안전과 노동의 미래 조화

1990년대와 2000년대에 노동정책과 사회정책에 대한 몇 가지 중요한 새로운 아이디어에 대한 특정 해석에 기반하여 신자유주의자들과 사회민주주의자들 사이에 암묵적인 사회적 타협이 전개되었다. 핵심 요소는 '새로운 사회적 위험new social risks, NSR'* 분석이었다. 이는 20세기

---

* 사회적 위험social risk이란 현재의 삶의 조건들을 위협하거나 급격히

산업 생활의 필요와 불안정의 기본적인 문제들을 복지 국가가 해결했기 때문에 노동자의 삶에서 위험의 성격이 변화했다는 낙관적인 견해를 취한다.

산업사회를 위한 사회정책은 '생계부양자breadwinner', 즉 민족적으로 토박이 남성들ethnically-native males에 의해 주도된 대규모 육체노동자 계급에 기반을 두고 있었다. 그들의 삶은 노동시장에서 가족을 부양하기 위해 생계를 유지할 수 있는 능력을 약화시킬 수 있는 다양한 힘들, 즉 실업, 정리해고, 질병, 장애 그리고 노령 등에 의해 위협받았다. 이 모델의 지속 타당성은 포스트-산업적이고 세계화된 경제에 의해 도전받았다. 서비스 부문에서의 많은 일자리가, 때로는 일자리 대다수를 여성이 맡았기 때문에 남성-생계부양자 모델은 무너졌다. 새로운 포스트-산업경제는 한편으로 사람들이 빈번한 일자

하락시키는 사건 또는 상황을 의미한다. 즉 안정적인 삶을 향유할 수 없고 생존의 기반이 되는 노동력을 재생산할 수 없는 상황을 의미한다. 오래된 사회적 위험old social risks으로는 질병·실업·노령·산업재해 등이 있다. 하지만 최근 들어 포스트-산업사회로의 이행에 따른 경제·사회적 변화의 결과로 사람들이 새롭게 직면하게 되는 새로운 위험이 부상하고 있다. 새로운 사회적 위험이란 노동시장에서의 취약성, 고용 가능성의 약화 그리고 가족 돌봄 책임으로 인한 고용 접근성 제한 등과 관련된 위험을 의미한다.

리 변화를 받아들일 필요와 다른 한편으로 그렇게 할 수 있는 많은 기회들을 만들어냈다. 새로운 경제에서 위험은 위협이 아니라 기회였다.

노동자들은 재직업훈련을 받을 수 있는 여러 번의 기회를 통해 자주 직업을 바꿀 기회(와 의무)를 갖게 되었다. 새로운 경제가 숙련 노동자들에 대한 수요를 증대시킴에 따라, 교육 수준은 높아져야 했다. 미숙련 노동자들은 구직, 직업 성향 그리고 초기 직업훈련에 도움이 되는 적극적 노동시장 정책 active-labour-market policy, ALMP* 조치를 통해 자신의 '고용 가능성'을 향상시킬 수 있었다. 이는 1970년대 이후 스웨덴에서 시작된 정책이다. 사회정책이 아동 및 노인 돌봄에 도움을 제공한다면, 남성과 여성 모두 노동력 workforce으로서 기회를 가질 것이다.

이러한 새로운 과제를 수행하는 것은 공공 지출의 부담을 가중시키지 않는다. 왜냐하면 번영하는 경제에서

---

* 적극적 노동시장 정책은 노동시장 참여를 중시하는 정책으로 직업교육, 고용지원 그리고 창업지원을 통해 개인의 노동시장 진출을 돕거나 이미 고용된 개인이 일자리를 상실하는 것을 방지하기 위한 것이다. 적극적 노동시장 정책은 노동시장에서 활동이 여의치 않은 특정 집단들, 즉 여성, 장애인, 노년층 그리고 미숙련 노동자 등을 대상으로 하는 경우가 많다.

는 '오래된' 위험에 맞서기 위해 훨씬 적게 돈이 필요하기 때문이다. 게다가 새로운 사회 지출이 국가 회계에서 투자가 아니라 소비로 취급되는 것은 중단되어야 했다. 이로부터 사회투자복지국가social-investment welfare state, SIWS라는 아이디어가 등장했다.

또한 급변하는 새로운 경제에서 노동자들에게 현재 일자리에서의 안전을 제공하기 위해 고안된 법률과 노동조합 관행은 필요하지도 바람직하지도 않다는 주장도 있었다. 영국과 미국 경제는 '쉬운 해고, 쉬운 고용'의 우월성을 보여준 예시로 주장되었다. 즉 고용주들이 쉽게 노동자들을 해고할 수 있다면 고용할 준비가 더 잘 되어 있다는 것이다. 이는 노동자들이 현재 일자리를 쉽게 유지할 수 있도록 하는 유럽의 역사적 접근방식보다 더 많은 고용과 역동적인 새로운 부문들을 창출한다는 것이다.

많은 사회민주주의자들은 이러한 아이디어를 선뜻 받아들이지 않았지만 '유연안정성flexicurity'** 이라는 관련

** 유연안정성은 노동시장의 유연성과 안정성을 동시에 강화하기 위한 통합 전략이다. 장기적인 실업 상태를 원하지 않는 노동자들은 고용 안정성을 요구하는 반면, 고용주들은 필요에 따라 노동력 공급이 유연하기를 원한다. 따라

개념에 매료되었다. 네덜란드와 덴마크에서의 적극적인 노동정책 positive labour-policy 경험을 바탕으로, 유연안정성은 정리해고된 노동자들 redundant workers이 새로운 일자리를 찾을 수 있도록 고안된 강력한 재직업훈련 정책들과 다른 형태의 적극적 노동시장 정책을 택하는 대신에 고용보호법의 안정을 포기해야 한다고 제안했다. 이는 새로운 사회적 위험과 사회투자복지국가 분석에서 나온 주장과 동일한 결론을 도출했으며, 노동자들이 기존 일자리를 상실할 경우 새로운 노동 기회를 얻을 수 있도록 돕는 강력한 공공정책 책임 commitment을 약속했다.

이러한 것들은 모두 개별 민족국가가 발전시켜야 할 정책들이었지만, 유럽연합도 강력한 역할을 해야 한다. 유럽 전체가 미국에 뒤처지지 않으려면 경제와 노동력의 질을 향상시켜야 한다. 특히 남유럽과 중부유럽의 허약한 경제는, 만약 그들이 유럽연합을 가로막지 않으려면, 역동적이고 효율적일 필요가 있다.

2008년의 붕괴는 포스트-산업경제의 이러한 견해에

서 유연안정성은 노동자와 고용주 양측의 상충하는 요구를 동시에 만족하기 위한 시도라고 할 수 있다.

대한 태평스러운 낙관론에 예상치 못한 각성을 일으켰다. 많은 노동자들이 매력적인 대안 일자리attractive alternative jobs를 찾을 희망이 전혀 없는 심각한 불안정에 직면했고, 그리고 앞으로도 계속 그럴 것이다. 심지어 그 이전에도 새로운 경제에 대한 자비로운 전망을 의심할 만한 이유가 있었다. 금융화 기업들은 그들의 정체성과 사업 모델을 자주 바꿀 가능성이 크기 때문에, 그들을 위해 일하는 사람들은 실직하거나 당황스러운 변화에 직면하게 된다. 과학기술 발전의 속도는 점점 빠른 속도로 노동자들의 숙련기술skill을 불필요한 것으로 만든다.

비록 많은 기업들이 여전히 오랜 기간 근무한 직원들의 숙련기술 및 경험의 습득을 중시하지만, 다른 기업들은 이를 불필요하게 만들 수 있다는 것을 알아챘으며, 빠른 이직이나 형식상 자영업자, 임시 직원 또는 노동 시간이 매우 가변적이고 불안정한 노동자들의 사용을 선호한다. 이는 충분한 사회보험과 기타 피고용자의 권리를 제공해야 하는 고용주의 의무를 수용하지 않는 전략이다. 세계 경제에서 대기업들은 재정적으로 가장 낮은 세율과 가장 부담이 적은 규제 체제가 있는 장소를 찾을 수 있다. 사회정책의 산업사회 모델은 안정적인 정체성,

지리적 장소 그리고 재정 기반을 가진 기업을 가정하며, 유사한 안정성을 가진 노동력을 고용했다. 이 모든 것이 유지되기가 어려워지고 있다.

이러한 요인들은 새로운 사회적 위험 분석의 타당성에 도전했을 뿐만 아니라, 유럽연합과 대부분의 국가 차원에서 신자유주의적 렌즈를 통해 해석되었다는 사실로 인해 상황을 악화시켰다. 유연안정성은 칭찬받았지만, 그 의미는 그다지 안정 없는 유연성을 의미하는 것으로 재해석되면서 희석되었다. 관찰자들은 자주 인용된 덴마크 모델이 오래된 위험과 새로운 위험, 즉 관대한 실업수당과 강력한 노동조합뿐만 아니라 '새로운' 조치를 모두 포함하고 있다는 것을 기록하여 보여주지 못했다. 유럽연합 정책과 유럽사법재판소European Court of Justice*는 이것이 덴마크와 다른 북유럽 체계의 성공 기반이 되었음에도 불구하고 조정된 교섭에 특히 적대적이었다. 노

---

* 유럽사법재판소의 정식 명칭은 유럽연합사법재판소Court of Justice of the European Union로 회원국과 유럽연합 기관이 유럽연합법을 준수하도록 보장하는 역할을 한다. 유럽사법재판소는 유럽연합법을 모든 유럽연합 회원국에 동일한 방식으로 적용되도록 해석하고, 회원국 정부와 유럽연합 기관 간 법적 분쟁을 해결한다. 또한 개인, 기업 또는 조직은 유럽연합 기관이 그들의 권리를 침해했다고 생각한 경우 유럽사법재판소를 통해 소송을 제기할 수 있다.

동자가 일자리 안정을 상실하고 때로는 어중간한 위치에 있는 자신들을 발견할 경우에 sometimes find themselves between positions, 어느 누구도 실업수당이 더 관대해질 필요가 있다는 사실에 주목하지 않았다. 게다가 스웨덴의 적극적 노동시장 정책과는 거리가 먼 '활성화 activation'는 점점 더 미국의 '노동 복지 제도 workfare' —이는 복지 수당을 주지 않음으로써 사람들에게 부적합하며, 종종 매우 낮은 임금을 받는 노동을 강요한다—와 동일한 의미로 해석되었다.

많은 가난한 노동자들에게 '오래된' 위험들은 결코 사라지지 않았고, 그것들은 2008년 이후 훨씬 더 많은 것에 대한 앙갚음으로 되돌아왔다. 그러나 그 재난은 12년 후 코로나바이러스에 의해 왜소해졌다. 수백만 명의 불안정 노동자들은—그리고 심지어 자신이 안전하다고 생각하는 많은 사람들조차도—자신들에게 있는 극단적인 취약성을 발견했다. 우리의 과학기술과 제도가 아무리 정교해졌어도, 실제로 기후 위기가 보여준 것처럼, 우리의 삶은 여전히 자연의 힘에 취약하다. 아주 부유한 사람들은 지구 어딘가의 안전한 곳으로 탈출하기 위해 부를 사용할 수 있을지 모르지만, 우리 중 많은 사람들은 이러한 큰 도전에 맞서 개인으로서 행동을 취할 기회가 거의 없다. 우리는 때로는 자발적인 노력을 통한 상호 부조에 의존한다. 그러나 보통은 국가와 국가 집단만이 조직할 수 있는 자원 동원을 통한 상호 부조에 의존한다. 주주 가치에 의해 주도되는 기업들이 있는 금융화된 세계 경제에서, 지금 안정이 감소된 노동자들이 위협적인 위험들이 아니라 흥미진진한 도전에 직면해 있다고 주장하기는 매우 어렵다.

미래를 내다보면, 새로운 경제의 노동 상태가 훨씬 더 문제가 있어 보인다. 이미 논의된 노동 전망에는 지리적 왜곡이 있다. 추가적으로 인공지능이 고도로 숙련되고 정리해고된 일부를 포함한 노동력의 상당 부분을 차지하게 될 것이라는 주장도 있다. 이러한 사람들은 생계를 유지할 수 없고 따라서 살아남기 위해—일하든 안 하든 상관없이—시민 소득citizen's income*이 필요한 잉여 인구

* 시민 소득은 기본 소득을 의미한다. 기본 소득 개념에서 '기본'이라는 말은 자신이 살아가는 사회의 극단적인 상황에서 생존을 가능케 하는 금액을 나타내며, 기본 소득 옹호자들은 이 금액이 보편적·개별적·무조건적·정기적으로 지급되어야 한다고 주장한다. 가이 스탠딩이 기본 소득을 주장한 이유는 불안정하고 취약한 처지에 놓인 노동자 계급, 즉 불안정한 삶에 놓인 사람들을 지칭하는 '프레카리아트Precariat'가 급속도로 늘어난 것과 관련이 깊다. 즉 프레카리아

가 될 것이다. 가이 스탠딩Guy Standing은 점점 더 악화되는 조건에서만 모두에게 일을 제공할 수 있으며, 따라서 시민 소득은 일부 사람들이 전혀 일을 하지 않도록 하기 위해 사용되어야 한다고 주장하면서, 이것에 더 진전된 새로운 방식을 덧붙인다.[6]

하지만 시민 소득에 의존하는 사람들은, 그것을 도입한 정치적 합의가 변화한다면 급격한 소득 손실에 매우 취약해지며, 실제로도 그렇게 될 것 같다. 대부분의 우리 노동이 불필요해질 그 날이 올 가능성이 있다. 그러나 역사의 핵심적인 교훈은 과학기술 발전이 어떤 형태의 노동을 불필요하게 만들 때, 인간은 서로를 위해 새로운 일을 찾는다는 것이다. 이는 특히 개인 서비스 제공과 관련된 일자리의 수가 증가하는 경제에서 더욱 그러할 것으로 보인다. 기업가에게 혁신할 수 있는 여지가 충분히 있고, 정부가 노동자의 숙련기술 향상과 안정에 대한 책임을 수용하여 지원을 충분히 제공한다면, 이

트의 사회경제적 불안정 해소를 위해 기본 소득을 도입해야 한다는 것이다.

6 G Standing, 2009, *Work after Globalisation: Building Occupational Citizenship, Cheltenham: Edward Elgar; 2011, The Precariat: The New Dangerous Class*, London: Bloomsbury.

모델은 지속될 것이다. 이러한 목적을 위해서는 시장에서 제공되거나 과학기술로 대체될 수도 없는 많은 일자리들, 즉 돌봄 및 교육 서비스를 유지하고 확장하는 것이 필수적이다.

노동 관련 사회정책은 새로운 사회적 위험 접근법의 순진한 낙관론과 노동의 미래를 찾는 것을 포기한 사람들의 비관론을 피하는 것이 중요하다. 민주적 시민권은 우리가 자비로운 체제로부터 부여받았기 때문이 아니라 우리 사회가 우리를 필요로 하기 때문에 성취되었다. 우리는 우리의 노동력과 숙련기술을 제공하고 있으며, 이에 대한 대가로 감사를 표하는 대신 당당하게 다양한 권리를 기대한다.

노동이 시민권의 핵심이라면, 그것은 매우 중요한 집단재다. 그러나 그것은 단지 일자리를 제공하는 국가 또는 심지어 케인스주의적 수요 관리를 통해 확보할 수 있는 집단재가 아니다. 비록 코로나바이러스가 초래한 피해로부터 회복하려면 향후 몇 년 동안 정확히 그런 종류의 조치가 필요할 것이지만 말이다. 하지만 국가는 그 활동이 시장에서의 일자리 창출을 방해하지 않게 하는 대신 그것에 대한 인센티브를 제공하도록 보장할 수 있다. 요점은 노동 인구가 개방적 노동시장에서 경쟁할 수 있게 하면서도 다양한 형태의 국가 지원을 촉진하는 것이다. 이러한 것들의 규범적 기반은 시민권 자격citizenship entitlements이지 '복지 동냥welfare hand-outs'이 아니다.

사회투자복지국가의 강화

오늘날의 사회투자복지국가* 옹호자들, 특히 안톤 헤

---

* 사회투자복지국가는 1998년 사회민주주의 부활을 위한 '제3의 길'을 주창한 앤서니 기든스Anthony Giddens가 제시한 사회투자국가Social Investment State 개념에서 유래했다. 사회투자국가는 소비적 지출보다 투자적 지출, 결과의 평등보다는 기회의 평등, 사회적 시민권보다 그에 상응하는 의무를 강조한다는 점에서 구좌파의 전통적 의미의 복지국가와 다르지만, 여전히 시장의 부작용 교정과 평등화를 위해 국가 개입의 필요성을 인정한다는 점에서 신자유주의와도 다르다. 한편 이러한 사회투자국가와 비판하면서도 유사한 주장을 하는 흐름이 존재한다. 대표적인 학자로는 에스핑-안데르센Esping-Andersen과 안톤 헤이머레이크Anton Hemerijck 등이 있으며, 정치 세력으로는 2000년 리스본전략Lisbon Strategy을 채택한 유럽위원회European Commission가 있다. 이 입장은 복지정책의 투자적 성격을 중시하고 사회투자, 사회투자전략이란 용어는 사용하지만, 사회투자국가라는 용어는 꺼린다. 왜냐하면 이들이 보기에 사회투자국가는 불평등이 경제 역동성의 필수적 요소라는 신자유주의자들의 견해를 공유하고 있기 때문이다. 따라서 이들의 입장은 사회투자국가가 평가절하하는 전통적 복지국가의 가치들을 여전히 옹호한다는 점에서 기든스의 사회투자국가와 구분된다. 콜린 크라우치는 신노동당의 제3의 길과 기든스의 사회투지국가에 비판적인 후자 관점에서 '사회투자복지국가'라는 용어를 사용한다.

이머레이크Anton Hemerijck[7]는 오래된 위험 정책에서 새로운 위험 정책으로의 비용 중립적인 전환이 아니라 통합적인 접근법의 필요성을 언급하고 있다. 경제적 질을 향상시키는 사회적 지출은 투자로 간주되어야 하지만 사회적 보호를 희생하지 않아야 한다는 귀중한 통찰력은 남아 있다. 이는 새로운 정책 접근법에 대한 신자유주의적 해석에서 완벽히 사회민주주의적 해석으로의 전환을 의미한다.

다른 곳에서도 동일한 조정이 이루어질 수 있다. 기존 노동자 조직에서 고용 안정성을 책임지는 일자리 보호 권리들은 코로나바이러스와 싸우기 위한 봉쇄의 필요성이 너무나 많은 기업과 일자리를 파괴한 경제에서는 말할 것도 없고, 너무 많은 변화를 겪는 노동시장에서 확실히 구식이 되고 있다. 그러나 일자리 보호 권리들은 노동자들이 관대한 과도기적 실업수당과 강력한 노동조합의 지원을 받는 곳에서 진정한 유연안정성으로 대체되어야 한다. 적극적 노동시장 정책은 노동 복지 제도와

---

7 A Hemerijck ed, 2017, *The Uses of Social Investment*, Oxford: Oxford University Press.

부정적인 제재가 아니라 긍정적인 지원과 같은 것으로 봐야 한다. 노동조합은 과거 노동시장의 일부로 간주되어서는 안 된다. 노동조합은 미숙련자에서 상급 전문가에 이르기까지 다양한 수준의 노동자를 위협하는 변화의 맥락에서 그 어느 때보다도 더 필요하다.

노동시장이 어려운 시기에 시민들의 존엄성을 위한 최종 지원은 법정 최저임금이다. 엄격하게 시행된다면, 이것은 임금을 낮추기 위해 이민자를 활용하는 것—이는 이민자들에게 적대감을 유발하려는 단체들의 빈번한 주장이다—을 방지하는 이차적인 이점을 가지고 있다. 유럽연합의 가난한 국가들로부터의 불공정한 경쟁 및 가난한 국가들 내에서의 노동자들의 착취를 막기 위해 유럽 전역의 (물론 지역 생활비에 맞게 조정된) 최저임금 전략이 필요하다. 잘 조직된 제도들을 가진 국가들의 경험은 그것들이 실업을 초래하지 않는다는 것이다.

최저임금에 대한 반대는 국가가 최저임금을 정하고 시행하면 자신들의 역할이 약화될 것이라고 느끼는 강력한 노동조합들에서 나오는 경우가 많다. 노동조합들이 약화될 때까지는 영국과 독일의 경우가 그러했지만, 그 이후 그들은 열성적인 지지자가 되었다. 현재 북유럽 국가들의 여전히 매우 강력한 노동조합들은 유럽 최저 임금의 주요 장애물이다. 그들에게 강력한 노동조합이 없는 국가에서 임금 수준을 유지하는 것의 중요성을 이해시켜야 한다. 그렇지 않으면 강력한 노동조합이 없는 국가에서의 저임금은 결국 그들 자신의 힘을 약화시킬 것이다.

지금까지 이 논의는 식별 가능한identifiable 고용주와 피고용자와의 전통적인 고용 관계를 가정해왔다. 전자는 후자에 대해 안전한 노동 환경을 유지하고, 사회보험 제도에 기여하고, 육아 휴가, 차별 그리고 기타 권리에 관한 법률을 인정해야 하는 특정 의무를 지닌다. 점점 더 많은 기업들이 스스로를 고용주가 아니거나 노동이 이루어지는 국가에 합법적으로 기반을 두고 있지 않다고 재정의하고, 자신들의 노동자를 피고용자가 아닌 프리랜서 서비스 제공자로 재정의하거나, 권리 취득의 기준threshold에 미치지 못하는 계약에 계속 의존함으로써 이러한 의무에서 벗어나고 있다. 그러한 기업들의 이익은 고용주로서의 의무를 받아들이고 세금을 내는 기업들의 희생으로 증가하고 있다.

임시 노동과 사이비 자영업 노동so-called self-employed

labour의 활용은 경제를 숙련된 경험 많은 노동력이 추진하는 높은 성과 수준으로 발전시키는 데 아무런 도움이 되지 않는다. 오히려 그 반대다. 따라서 그것은 노동정책에 대한 부정적인 외부효과를 구성한다. 기업들이 이런 방식으로 행동하도록 조장하는 매우 왜곡된 재정적 및 규제적 인센티브는 파기하고, 그 대신 강력한 유연안정성의 길을 따르도록 격려할 필요가 있다.

이를 위해서는 고용주에 대한 사회보험료를 '노동의 사용자'에 대한 비용으로 대체해야 한다.[8] 기업 고용 관행들의 새로운 유동성과 유연성을 인정하면서도 이러한 것들이 의무를 회피하는 수단이 되지 않도록 해야 한다. 노동 서비스의 사용자이며 공제를 위한 규모 기준size threshold을 초과하는 모든 기업들과 기타 조직들은 그들이 사용하는 노동 서비스의 시간에 따라 사회보험료를 내야 한다. 그들이 관련 노동 제공자와 체결한 계약이 고용 계약인지 여부와 관계없이 말이다. 이러한 접근방식은, '노동의 사용'에 집중함으로써, 산업 시대에서 유

---

8 더 상세한 설명은 다음을 참조하라. C Crouch, 2019, *Will the Gig Economy Prevail?*, Cambridge: Polity.

래한 수많은 노동법 및 사회보험법 그리고 관행에 포함된 종속적 고용과 자영업 간 선명한 구별의 약화에 대응한다.

노동의 사용자는 노동의 제공자에 대한 다음의 의무를 수용하는 경우 보험료의 상당 부분을 공제받는다. i 특정 기본권, ii 부당해고 및 정리해고 보상에 대한 보호를 포함하여 현행법에서 정한 고용 계약의 모든 상호 의무를 포함한 완전 고용 계약, iii 무기 계약contracts without time limits, iv 사회투자복지국가 의제와 양립할 수 있는 직업훈련 및 기타 형태의 숙련기술 향상 보장, v 노동 서비스 제공자를 대표하는 자율적인 노동조합과의 협상 승인 및 수용이다. 목표는 노동의 사용자가 시장을 성장시키고 '좋은 노동good work'을 제공하도록 장려하는 것이지만, 최종 결과가 유연하고 고용 감소가 아니라는 것을 보장하기 위해서는 덜 유리한 조건에 대한 가능성을 열어 두어야 한다.

불안정한 노동의 사용자들에게 부담금을 부과하는 것은 많은 미숙련 인력에게 일할 수 있는 유일한 기회를 주는 저소득층down-market 일자리 제공 기업들을 좌절시킬 것이라는 문제가 제기될 수 있다. 그러나 그것은 중요성이 과장된 주장이다. 단지 재정 부담을 회피하기 위해 열악한 고용 조건을 활용하고 있는 기업들은 역 인센티브reversed incentives에 즉각 대응할 것으로 예상된다. 그리고 진정으로 임시 고용casual employment을 활용하고자 하는 기업들은 자신들의 노동자들이 노동 시간 기준 이하below the hours threshold*의 불안정한 경제에 머물러 있기 때문에 영향을 받지 않을 것이다. 이를 인정하여, 단지 한계 노동marginal work**만을 찾을 수 있지만, 노동시장에서 더 실질적인 직위posts를 진정으로 활용할 수 있는 (학생이나 퇴직한 사람들이 아닌) 노동자들은 기준 이하 한계 일자리marginal jobs를 유지하면서 완전한 실업수당을 받을 자격이 마땅히 있어야 한다.

---

* 유럽연합은 1993년부터 노동 시간을 주당 48시간 이내로 제한했으며, 독일, 프랑스 등 유럽연합 개별 회원국들은 이보다 훨씬 짧은 노동 시간 기준을 적용하고 있다. 하지만 임시 고용 노동자들은 이러한 기준에 훨씬 미달하는 단시간 저임금 일자리에 종사하는 경우가 대부분이다.

** 한계 노동은 고용 기간이 너무 짧거나 임금이 너무 적어 최소한의 생활 수준을 유지하는데 필요한 소득을 창출하지 못하는 노동을 의미한다. 대표적인 사례가 2003년 독일 사회민주당 정부의 하르츠Hartz 법 제정 이후 본격적으로 도입된 미니잡Mini jobs이다. 미니잡은 월소득 400유로(2013년 이후 450유로로 상향) 이하인 비정규직 고용 형태다. 미니잡은 단시간 저임금 노동자의 확대라는 부정적인 결과를 초래했다. 이러한 유형의 일자리를 한계 일자리라고 한다.

기업들이 새로운 상황에 적응함에 따라 단기적으로는 여전히 약간의 순일자리손실 net job loss이 생길 수 있다. 사회보험료의 공제가치는 최저임금을 제정하는 기관들처럼 고용에 미칠 수 있는 영향을 고려해 정해져야 한다. 더 많은 기업들이 자신들이 제공한 고용의 질을 향상시키기 위해 공제를 이용함에 따라, 더 많은 사람들이 더 안전한 고용 형태에 진입하면서 생산성과 소비자 신뢰에서 전반적인 이득이 있을 뿐만 아니라 고용주의 사회보험료에서 점진적으로 벗어난다. 이것은 결국 수요를 자극하고, 따라서 더 유익한 고용 효과를 가져온다.

유럽 경제는 고용 증대가 제공하는 균형이라는 함정에 빠지는 것을 피해야 하지만, 오직 불안정한 조건들을 대가로, 그 결과 저숙련과 생산성 저하를 감수해야 한다. 이러한 방식으로 사회보험을 개혁하지 않는 국가들로 고용을 이전하여 불안정한 노동 조건을 유지하려는 기업을 피하기 위해서는 개별 정부들이 추가 부담금 및 공제 규모를 자유롭게 변경할 수 있는 개혁 체계의 기본 형태가 유럽연합 전역에 확립되어야 한다. 이것은 유럽 전역에서 노동의 사용을 향상시키는 데 도움이 된다. 또한 오늘날의 서비스 기반 경제에서는 사용 시점에 많은 노동이 제공되어야 한다. 노동이 수행되는 곳에서 부과되는 사회보험료는 이러한 이유로 자본 도피 capital flight에 취약하지 않다.

노동자들과 그 밖의 기타 개인들에게 상호 의무가 있어야 한다. 유럽연합 국가에 거주하는 모든 성인들은 유급 노동 여부와 관계없이 사회보험기금에 기여해야 한다. 그들의 분담금은 노동시장 지위에 따라 구별되지 않지만(비노동자는 노동자만큼 지불한다. 자영업자는 피고용자와 동일하게 지불한다), 소득이 어떤 형태를 취하든, 소득 수준에 따라 달라진다.

기금에 기여하는 모든 사람들은 실업 상태에서 일자리를 구하거나, 일을 할 수 없게 되거나 또는 은퇴하거나, 무급으로 부모 및 돌봄 책임을 맡거나, 일반적으로 사회적으로 바람직하다고 합의된 기타 무급 노동에 종사할 경우 이 기금으로부터 소득을 받을 자격이 있다. 그들은 또한 중소기업 창업 및 개발 프로그램들을 포함한 무료로 제공되는 공적인 적극적 노동시장 정책 프로그램들에 참여할 자격이 있다. 이민자들은 비록 시민이 아니더라도 포함되어야 한다. 그렇지 않으면 그들은 지하경제에 빠져들고 다양한 형태의 사회적 배제로 고통

받는 것에 취약해진다.

질서 있는 노동시장을 유지하기 위한 재정적 기여의 책임을 회피하려는 기업의 요구에 따라, 고용 보장 비용은 고용주로부터 국가로 옮겨갈 필요가 있다. 왜냐하면 오늘날 일자리 제공 보장에 대한 우선순위가 있기 때문이다. 이 우선순위는 바이러스와 맞서 싸우는 동안 일자리 파괴로 인해 더욱 강력해졌다. 피고용자 수에 기반한 조세체계는 이것을 달성하는 데 도움이 되지 않는다. 특히 남유럽 국가들의 경우 높은 사회보장 부담금과 강력한 일자리 보호법(이는 노동자의 안전에 대한 부담을 고용주에게 주는 것이다)에서 관대한 실업지원과 사회투자복지국가 의제로 전환할 필요가 있다. 남유럽과 기타 지역에서 전후 산업 발전의 주요 시기와 같이 정부가 유지하는 보호주의 장벽으로부터 고용주들이 이득을 얻었을 때는 고용주들이 고용 보호를 위해 부담하는 것은 용인될 수 있었을지 모르지만 개방된 노동시장에서는 심각한 장애물이 된다.

이 모든 주장은 일을 준비하고 있는 사람들, 일하고 있는 사람들, 아프거나 장애가 없다면 일할 사람들, 나이가 들 때까지 일했거나 돌봄 책임에 종사하는 사람들을 위한 시민권을 의미한다. 마지막은 전업 부모를 포함한다. 키아라 사라세노Chiara Saraceno[9]는 부모로서의 시민권에 대한 전적으로 고용에 기반한 접근 방식의 부정적인 결과에 대해 경고했다.

사회투자복지국가 의제는 육아에 대한 강조로 이 문제를 직접 다루고 있지만, 노동 기반 시민권 모델 내에서 부모의 역할에 대한 인식은 더 나아가야 한다. 사회정책은 미취학 아동 부모가—다음 세대의 노동 시민을 준비하는 데 도움이 되는—전업 부모가 될 수 있는 권리를 인정하고, 그들이 심지어 유급 고용 상태이며 배우자가 있더라도 공공 재정 지원을 받을 권리를 인정해야 한다. 그러한 권리는 어머니들에게 부분적으로 인정되었고, 아버지에게도 제한된 기간 유급 육아휴직이라는 아이디어가 인정되기 시작했다.

이미 2001년에 알랭 쉬피오Alain Supiot는 유럽위원회가 후원한 보고서에서 표준 고용 조건의 붕괴와 부모 노

---

9 C Saraceno, 2017, 'Family relationships and gender equality in the social investment discourse: an overly reductive view?', in A Hemerijck ed, *The Uses of Social Investment*, Oxford: Oxford University Press, 59-65.

동의 문제적 지위와 관련하여 이러한 문제들을 예상했다.[10] 하지만 보고서는 유럽의 정책 결정자들에게 거의 영향을 미치지 않았다. 신자유주의 경제학자들의 종종 형편없는 조언과 비교하면 확실히 그렇다. 그의 보고서가 선반에서 먼지를 털고 진지하게 받아들여질 때가 되었다.

10 A Supiot, 2001, *Beyond Employment: Changes in Work and the Future of Labour Law in Europe*, Oxford: Oxford University Press.

4

결론: 유럽사회연합을 향하여

프랭크 반덴브루케Frank Vandenbroucke[1]는 유럽통화동맹이 이제 유럽사회연합을 향한 움직임으로 완성될 필요가 있다고 주장했다. 이는 처음에 기술한 폴라니적 과정Polanyian process의 좋은 예다. 시장을 확장하려는 운동은 부분적으로 시장의 희생자들을 돕기 위해 그리고 부분적으로 시장 그 자체의 효율적인 운영에 필요한 특정 자원을 제공하기 위해 사회정책의 운동을 수반할 필요가 있다. 오늘날 환경 훼손은 시장이 사회에 부과한 피해 목록에 추가될 필요가 있는 반면, 코로나바이러스 팬데믹은, 다른 자연재해는 말할 것도 없고, 시장이 경제학의 영역 밖에서 인간의 삶에 영향을 미치는 사건들에 직면하여 무기력하다는 것을 우리에게 상기시킨다.

금융위기 이후 유럽중앙은행이 가혹한 예산-흑자 요건을 부과함으로써 유럽의 번영에 상당한 손상이 가해졌다. 그 후 몇 년 동안 은행 정책은 상당히 완화되었지만, 이는 위기에 적응하면서 *임시방편ad hoc*으로 행해졌다. 지금 필요한 것은 그 전략에 대한 원칙적인 재평가

---

1 F Vandenbroucke, 2015, 'The case for a European social union: from muddling through to a sense of common purpose', in B Marin ed *The Future of Welfare in a Global Europe*, Aldershot: Ashgate, 489-520.

다. 투기적인 국제화폐시장의 위험하고 요동치는 흐름 속에서 새로운 통화를 확립하고 안정시키기 위해서는 초기에 인플레이션 억제에 대한 엄격함과 사실상의 독점적인 중심exclusive focus이 아마도 필요했을 것이다. 유럽중앙은행의 비판자들은 이 어려운 과제를 충분히 인정하지 않는다. 또한 그들은 그렇지 않았다면 발생했을 개별 국가 통화의 변덕스러운 상승과 하락을 종식시킴으로써 유로존 안팎의 모든 경제에 나타난 이득도 인정하지 않는다. 그러나 유로euro는 이제 확립되었다.

유럽중앙은행이 미국 연방준비제도이사회US Federal Reserve Bank처럼 인플레이션 억제보다 더 광범위한 정책 목표를 공식적으로 인정해야 할 때다. 하지만 이것에는 *보상quid pro quo*이 동반해야 한다. 단일 통화체제와 그 회원국 간 최초의 합의는 유럽중앙은행이 인플레이션을 억제하기 위해 긴축 통화정책 기조를 유지하지만, 개별 정부는 완전한 재정 자율성을 보유하리라는 것이었다. 통화정책만으로도 정부가 무책임하게 행동할 수 없다는 것을 보장할 수 있을 것으로 믿어졌다. 이는 불안정한 민간 부채를 받아들이는 것만큼 악성 정부 부채도 기꺼이 떠맡으려 하는 세계적인 은행체계global banking system를 고려하지 않았다. 더 정교한 유럽통화체제는 덜 엄격한 전반적인 통화 기조를 대가로 재정 연방주의의 요소—국가 예산정책에 대한 직접적이고 체계적인 제약direct framework restraints—를 포함해야 한다.

재정 연방주의의 주요 목적은 안정성장협약Stability and Growth Pact*의 제약으로부터 투자로 간주될 수 있는 공공 지출을 제외함으로써 유럽사회연합을 추구하는 것이어야 한다. 이는 이미 물리적 기반시설에 대한 투자에서 일어났다. 하지만 반덴브루케와 헤이머레이크의 주장처럼, 이는 사회투자복지국가 의제를 포함하기 위해 확장되어야 한다. 탄소 배출량 감소, 생물 다양성 훼손, 기후변화 방지 정책의 기타 요구사항 그리고 코로나바이러스의 여파로 인한 삶의 복구에 대한 투자에서도 마찬가지여야 한다.

이 선언에 명시된 정책 방향은 다른 종류의 지출과 비용을 지원하기 위해 집단행동, 공공 지출 그리고 과세를

---

* 안정성장협약은 유럽통화동맹 가입국의 건전한 재정균형과 낮은 공공부채를 유지하기 위한 재정준칙이다. 재정 적자는 GDP의 3%를 초과할 수 없으며, 정부 부채는 GDP의 60%를 초과할 수 없다. 만약 이를 준수하지 않으면, 유럽연합은 해당 국가에 GDP의 0.5%까지 벌금을 부과할 수 있다.

분명히 요구한다. 협력과 포용을 위한 의제는 반드시 그러한 요소들을 포함해야 한다.

집단행동의 범위와 특히 과세를 가능한 한 낮게 유지해야 한다고 믿는 극단적 신자유주의자들은 우리가 지구를 보호하고 주주-가치 자본주의로부터 소비자와 노동자가 보호받는 세상을 만들고 물질적 불평등과 문화적 불평등 모두 감소하고 낙관적인 미래에 가능한 한 많은 지리적 영역을 포함하도록 보장하는 데 필요한 연합coalitions에 참여하기를 원하지 않는다. 국제 협력을 거부하고 대규모 외부인 집단을 배제하는 방식으로 선택된 유권자를 보호하려는 외국인 혐오 민족주의자들은 마찬가지로 그러한 연합에서 자신들을 배제할 것이다. 따라서 이 호소는 이 두 집단에 속하지 않는 다른 모든 사람들에게 보내는 것이다.

기후 변화에 맞서든, 세계화와 질병 그리고 심각한 경제 변화와 자연재해의 다른 원인이 초래한 혼란을 완화하든, 상품과 공정의 품질 표준을 유지하든, 미래 경제의 기회로부터 최대한 많은 사람과 장소가 혜택을 받을 수 있게 하고 또는 시장 자체의 조정 형태가 부적절하거나 해로운 경우 다른 활동을 지속할 수 있게 하든, 협력으로 얻는 이득은 혼자 하겠다고 주장하는 것보다 훨씬 더 크다. 이는 사회 내 여러 차원에서의 협력에 해당하지만, 유럽 국가의 경우 유럽연합 그 자체 차원에서 협력하는 것이 특히 중요하다.

배제가 아닌 포용을 통해 문제를 해결하려는 노력에서 얻는 이득도 크다. 배제는 상호 원망, 혐오, 그리고 결국 폭력을 초래하는 반면, 포용은 이러한 해악들을 피하고 관대하고 건설적인 관계를 맺게 한다. 이기심과 배제의 호소들은 단순하고 쉽지만 어둡고 사나운 목적지로만 이어질 뿐이다. 협력과 포용에 대한 요구들은 더 부담되지만, 그것들은 헤아릴 수 없을 정도로 더 큰 궁극적인 보상을 가져다준다.

옮긴이의 말

혐오와 폭력이 아닌 희망의 세상을 위하여

1

콜린 크라우치Colin Crouch는 『사회적 유럽 선언』에서 '코로나바이러스가 도래하기 훨씬 전부터 두 개의 유령, 즉 신자유주의와 외국인 혐오 민족주의가 유럽을 배회하고 있다'고 말한다. 이는 『공산당 선언』의 첫 문장인 "하나의 유령이 유럽을 배회하고 있다. 공산주의라는 유령이"를 의도적으로 모방한 것이다. 하지만 호명하는 대상은 정반대이다. 카를 마르크스Karl Marx가 사회 변혁의 주체로서 '공산주의'를 호명한 것이라면, 콜린 크라우치는 사회 진보의 장애물로서 '신자유주의'와 '외국인 혐오 민족주의'를 호명한 것이다.

신자유주의는 사회경제적 불평등을 심화시키고 각자

도생의 이기적인 철학을 권장하면서 사람들의 일상적인 삶을 파괴했다. 또한 외국인 혐오 민족주의는 상이한 민족 집단 및 국가 구성원 간 혐오를 조장하면서 배제의 논리를 확산시켰다. 현재 신자유주의와 외국인 혐오 민족주의는 천적임에도 불구하고 냉소적인 동맹을 맺고 유럽뿐만 세계 각지에서 지배적인 세력으로 부상하고 있다. 신자유주의가 조장한 이기심은 인간 협력의 영역을 확장하는 것을 거부하는 외국인 혐오증과 잘 어울린다. 이러한 양자의 파괴적인 특성은 코로나바이러스와의 투쟁에서 만천하에 드러났다. 하지만 동시에 팬데믹은 너무나 많은 것을 파괴했기 때문에 향후 유럽 사회 및 민주주의를 구원할 수 있는 역사적 순간을 창출한다. 문제는 누가 그 순간을 통제할 것인가이다.

"우리는 또한 미숙련·저임금 직업, 즉 간호사와 간병인, 쓰레기 수거인, 보안 요원, 선원, 배달 기사, 슈퍼마켓의 진열대 담당자 그리고 많은 다른 직업에 종사하는 사람들이 맡은 중요한 역할이 경시받고 심지어는 경멸당하는 현실을 알게 되었다. 그러니 마침 이 순간을 활용하여 갖가지 종류의 집단행동에 대한 의존성을 재발견하거나 지역사회들과 국가nations 간 협력의 필요성을 재확인해야 하지 않을까? 사람의 가치를 오직 시장에서의 성과에 따라서만 평가하는 사회질서의 부도덕성을 새삼 다시 일깨워야 하지 않을까? 만약 이런 것들을 일깨우지 못한다면, '외국인'을 질병 보균자로 보면서 코로나바이러스 때문에 지역사회와 국가를 봉쇄했던 과거로 회귀시켜야 하고, 협력과 공유를 위한 모든 움직임을 포기해야 한다고 주장하는 사람들에게 이 순간을 통제당하는 상황을 맞이하게 되지는 않을까? 코로나바이러스가 우리에게 남긴 경제위기의 심각성depth이 모든 사회정책, 재분배, 노동권과 인권뿐만 아니라 환경재난에 대처하려는 모든 조치를 내던져버리고 어떤 대가를 치르더라도 수익성 회복에 전념해야 할 이유가 될까?"

이에 대한 해결책으로 그는 '사회적 유럽Social Europe'의 복원을 선언한다. 사회적 유럽은 중도좌파인 사회민주주의가 강력하게 추진하고 있는 프로젝트다. 사회적 유럽은 환경 훼손과 기후 변화에 대한 투쟁, 세계화의 개혁, 금융화된 자본주의 규제, 물질적 불평등 감소 그리고 노동자의 안전과 노동의 미래 조화 등과 같은 다섯 가지 의제를 해결하기 위해 복원되어야 한다.

그는 유럽연합의 예외적인 능력, 즉 표준 설정의 능력을 강조한다. 특히 사회적 유럽이 현재 추구해야 할 다섯 가지 의제를 성취하기 위해서는 표준 설정자standard-setter로서의 유럽연합의 주도적인 역할이 필요하다. 표준은 과도한 시장 행위를 억제하고 더 나은 사회를 구축할 다양한 조치를 도입할 수 있도록 한다. 이러한 논의를 바탕으로 그는 사회적 유럽의 구체적인 모델로서 사회투자복지국가social-investment welfare state를 기반으로 한 유럽사회연합European Social Union을 제시한다.

2

콜린 크라우치가 언급했듯이 '사회적 유럽'은 어느 날 하늘에서 갑자기 떨어진 아이디어가 아니다. '사회적 유럽'은 이미 1980년대부터 본격적으로 추진되었다. 1985년 유럽위원회 위원장 자크 들로르Jacques Delors는 단일시장Single Market과 유럽통화동맹European Monetary Union, EMU과 같은 신자유주의적 통합 프로젝트의 부작용을 억제하기 위해 '사회적 유럽'을 추진했다. 만약 강력한 사회정책이 유럽공동체 차원에서 시행되지 않는다면, 노동자들은 신자유주의적 시장통합 과정에서 불이익을 받을 것이 자명했다.

그 결과물로 1989년 '노동자의 사회기본권 헌장 Charter of the Fundamental Social Rights of Workers'이 영국을 제외한 유럽공동체 회원국들에 의해 채택되었고, 1993년 발효된 마스트리흐트조약과 1997년 체결된 암스테르담조약을 통해 사회적 유럽의 법 제도화가 추진되었다. 유럽연합은 사회적 유럽을 통해 유럽적 가치를 실현하면서 유럽 시민의 노동권 및 사회권을 강화할 수 있다고 주장한다. 즉 신자유주의적 시장통합에 맞서 '인간의 얼굴을 한 유럽연합'이 가능하다는 것이다.

일군의 학자들은 1980년대 중반 유럽 통합을 둘러싼 사회세력들의 정치적 프로젝트로 신자유주의, 신중상주의 그리고 사회민주주의 등이 경합하고 있었다고 주장한다. 먼저 신자유주의적 프로젝트는 유럽 통합을 유럽 경제의 탈규제화 및 민영화를 촉진할 기회로 인식했으며, 정부 개입의 족쇄들과 경화된 제도들로부터 시장세력들을 자유화하고자 했다. 둘째, 신중상주의적 프로젝트는 유럽의 국제 경쟁력 상실의 책임을 노동시장의 경직성, 노동조합의 권력 또는 복지국가 그리고 불충분한 규모의 경제와 기술적 격차 등의 탓으로 돌렸다. 이들은 세계화로 인해 자신들의 시장 점유율이 잠식될 것을 우려하면서 세계화의 위협으로부터 유럽을 보호하기 위해 강력한 유럽 역내 시장의 창설과 유럽 시장의 보호가 필요하다고 보았다. 하지만 이후 신중상주의 세력은 신자유주의 세력에 흡수되고 말았다. 셋째, 사회민주주의적 프로젝트는 유럽적 차원에서 '유럽적 사회모델', 즉 사회적 유럽을 건설하고자 했다. 하지만 1980년대부터 추진되었던 사회적 유럽 프로젝트는 신자유주의적 프로젝트에 의해 좌초되었다. 이는 신자유주의적 사회세력과 사회민주주의적 사회세력과의 대립에서 전자가 우세했기 때문이었다.

콜린 크라우치는 사회민주주의의 나약함에서 그 원인을 찾는다. 1990년대 사회민주주의 정당들도 신자유주의 교리 중 많은 것들을 수용하기 시작했는데, 그 대표적인 사례가 '제3의 길third way'이다. 게다가 사회민주주의는 세계화, 이주 흐름, 그리고 산업사회의 쇠퇴의 따른 변화에 제대로 대응하지 못하면서 자신들의 지지 기반을 상당 부분 상실하기 시작했다. 현재 유럽에서 사회민주주의는 예전과 달리 존재감이 그리 크지 않다.

그럼에도 사회민주주의적 프로젝트로서의 사회적 유

럽은 지금도 추진되고 있다. 특히 사회적 유럽의 복원을 알리는 대표적인 이정표는 2017년 유럽연합 예테보리 Gothenburg 정상회담에서 유럽사회권기둥 European Pillar of Social Rights을 채택한 것이었다.

3

콜린 크라우치에게 있어 정당, 그중에서도 사회민주주의 정당은 거대 자본이 지배하는 '포스트 민주주의 Post-democracy' 시기의 반평등주의적인 경향을 피하기 위해 꼭 필요한 존재다. 하지만 신자유주의와 외국인 혐오 민족주의를 극복하기 위해 사회민주주의 정당만으로는 힘들다. 사회민주주의 정당은 사회주의자, 환경주의자 그리고 신자유주의에 반대하는 사회적 자유주의자들을 포괄하는 광범위한 진보적 연합을 구축해야 한다. 만약 광범위한 연합을 구축하지 못하다면, 신자유주의자와 극우파가 승리할 수 있는 심각한 위험이 존재한다.

여기에 한 가지 더 추가되어야 할 것은 바로 강력한 사회 운동 단체다. 콜린 크라우치는 정당이 가장 핵심적인 역할을 한다고 주장했음에도 불구하고, 『포스트민주주의』에서 강조했듯이 정치적 목표를 달성하기 위해서는 외부에서 정당을 지속적으로 압박하는 사회 운동 단체의 역할을 강조한다. 그 역할을 유럽적 차원에서 수행하고 있는 것이 바로 사회적 유럽Social Europe, SE*이다.

> "사회적 유럽의 목적은 우리 시대의 가장 긴급한 정치적·경제적 문제를 다루는 공공정책에 이바지함으로써 민주적 실천을 강화하는 데 도움을 주는 것이다. 우리는 자유, 지속가능성, 평등의 가치를 정치, 경제, 고용과 노동의 문제들을 조사하는 근거로 활용한다."

사회적 유럽은 외부의 영향을 배제하기 위해 대형 출판사나 기업들의 후원금을 받지 않고 생각을 공유하고 있는 사람들의 자발적인 후원으로 운영된다. 특히 사회적 유럽의 활동 중 가장 중시되는 것이 출판과 관련된 부분이다. 그들은 출판을 통해 심층적인 분석과 새로운 정책 대안을 널리 확산시키고자 한다. 콜린 크라우치의 『사회적 유럽 선언』 또한 그 결과물 가운데 하나다.

---

* https://www.socialeurope.eu/

4

옮긴이 글의 마무리는 『사회적 유럽 선언』의 마지막 문단으로 대신하고자 한다. 이 마지막 문단이 어쩌면 저자가 유럽 및 세계 각지의 사람들에게 전달하고자 했던 것이 아닐까.

> "배제가 아닌 포용을 통해 문제를 해결하려는 노력에서 얻는 이득도 크다. 배제는 상호 원망, 혐오, 그리고 결국 폭력을 초래하는 반면, 포용은 이러한 해악들을 피하고 관대하고 건설적인 관계를 맺게 한다. 이기심과 배제의 호소들은 단순하고 쉽지만 어둡고 사나운 목적지로만 이어질 뿐이다. 협력과 포용에 대한 요구들은 더 부담되지만, 그것들은 헤아릴 수 없을 정도로 더 큰 궁극적인 보상을 가져다준다."

함께 하면 더 좋고 Better together 혐오가 아니라 희망 Hope not hate의 세상을 위하여!

옮긴이 박상준

현재 한국외대와 한신대에서 유럽 정치와 국제관계학을 강의하고 있다. 주로 비판적인 시각에서 유럽 정치와 국제 정치를 분석하는 것에 관심을 쏟고 있다. 주요 논문으로는 「시리자(SYRIZA)의 부상과 그 한계: 대의민주주의 비판을 중심으로」, 「긴축 이후 그리스의 경제적·사회적 변환과 정치적 함의」 등이 있으며, 주요 저서로는 『유럽의 변혁적 리더들』(공저) 등이 있다.

사회적 유럽 선언

초판 1쇄 발행 2021년 5월 21일

지은이 콜린 크라우치
옮긴이 박상준
펴낸이 최용범

편집 박호진, 윤소진
디자인 김태호
마케팅 김학래
관리 강은선
인쇄 (주)다온피앤피

펴낸곳 페이퍼로드 paperroad
출판등록 제10-2427호(2002년 8월 7일)
주소 서울시 동작구 보라매로5가길 7 1322호
이메일 book@paperroad.net
페이스북 www.facebook.com/paperroadbook
전화 (02)326-0328
팩스 (02)335-0334
ISBN 979-11-90475-50-1 (03300)